李经中 著

父母的
两个世界

一位60后的深情追忆

复旦大学出版社

自序

这是一个关于父母的故事。

这是一个关于父母从农村到城市后如何适应城市生活的故事。

五十多年前,父母把我带到了农村世界;三十多年前,我通过高考离开了农村世界;二十多年前,我陪着父母来到了城市世界;十多年前,父母回到农村世界;六年前,父母又来到城市世界;两年前的上半年,父母再次回到农村世界;两年前的下半年,父亲离开了这个世界;一年前,母亲离开了这个世界。

父母的生命之光曾经在两个世界闪烁,照亮过家人,温暖过亲朋好友和他们所遇到的人。

岁月如河。

父母出生于战乱年代,曾目睹战争带来的生灵涂炭。

父母年轻时遭遇过灾荒,饥饿曾经是刻在父母骨子里的记忆。

父母经历过史无前例的动荡年代,时代的巨浪在偏僻的乡村也曾激起浪花，荒唐的行径曾让他们心有余悸。

父母沐浴过改革开放的春风，在希望的田野上，禾苗在他们的汗水里抽穗，生活在他们的劳动中变样，他们憧憬过的富裕和兴旺也在一天一天变成现实。

父母接触过现代社会科技发展的成果，也享受过社会文明进步带来的福祉。

往事如烟。

当我打开朋友圈时，我记录的关于父母的一些生活点滴又生动地展示出来：父母和我，我们的原生家庭，父亲和他的大家庭，母亲和她的大家庭，父母在湖北老家的生活，父母来到大上海后的生活……既有一些欢愉的瞬间，也有父母去世后的悲伤的画面。当然，如果能回到从前，我希望能在朋友圈多记录一些父母的故事，让他们的人生旅程留下更多的印记。

印度诗人卡比尔在《一架秋千》中写道：

　　在意识和无意识之间
　　心灵搭了一架秋千
　　所有的生命，所有的世界
　　都在秋千上摇荡，从不停息
　　上面摇荡着无数生命
　　上面摇荡着日升月落
　　亿万年过去，秋千依然在摇荡
　　……

父母把爱全给了我，把世界给了我。就让我随着摇荡的秋千，通过朋友圈撷取的一幅幅画面，来表达一个出门在外的子女对父母的心祭与怀念。

2023年12月

目录

一 生活在江汉平原 〳三

　父亲与他的兄弟姐妹 〳二二

　母亲与她的兄弟姐妹 〳四一

　父亲与母亲的六十年 〳五七

二 我们的原生家庭 〳七五

　父亲与我 〳九二

　母亲与我 〳一一二

三　父母来到我们家　/一三三

　　面对饮食关：湖北的咸辣风与上海的清淡味　/一五〇

　　面对衣着关：农村的实用与城市的考究　/一六六

　　面对交通关：自行车文化与汽车文化　/一八三

　　面对医疗关：新型农村合作医疗与城市社保　/二〇〇

四　送别父亲　/二二一

　　送别母亲　/二四三

尾声　/二五八

一

父母生命中的绝大多数时间是在江汉平原的农村度过的,江汉平原的生产方式、生活习惯、风俗礼仪以及宗教信仰对父母有着深刻的影响。「脸朝黄土背朝天」不仅是一种生产方式,更是与这种生产方式相适应的农村世界。

生活在江汉平原

"脸朝黄土背朝天"。

父母生命中的绝大多数时间是在江汉平原的农村度过的，江汉平原的生产方式、生活习惯、风俗礼仪以及宗教信仰对父母有着深刻的影响。"脸朝黄土背朝天"不仅是一种生产方式，更代表与这种生产方式相适应的农村世界。

从我开始记事，就知道父母每年都要做几件他们眼中的大事。这些事情有的很庄严、很神圣，有一定之规，也有的是一种谐趣，可以灵活处理，但基本上都来自乡土社会千百年来的文化传承，或者说来自楚文化的传承，代表着人们对丰年的期盼、对祖先的尊敬和对幸福、健康的祈愿。当然，其中的大多数事情都是自20世纪70年代末到80年代初，农村开始实行联产承包责任制，农民从被限制经济自由甚至是人身自由的束缚下解放出来，能够自主安排生产、生活的时间之后才有的。在此之前的人民公社时代，父母既没有时间和精力，也没有物质条件，更不被允许做其中的一些事。

　　这些事中最隆重的应该就是除夕和春节期间的系列活动了。除夕这天，家乡有个习俗，在吃年夜饭之前，要将猪头、鱼等贡品，还有寓意供奉祖宗三代的三根筷子、三杯酒，用托盘供奉在祖宗牌位前，并焚香祭祀。父母会在除夕前一天的晚上，将猪头、猪肝、猪肚、猪腰等菜卤好，猪肝、猪肚等菜可以切出来放在盆子里，供春节期间招待客人用，但猪头不能动，祭祀用的猪头必须是包括猪耳朵和猪舌头在内的完整的猪头，要等祭祀祖宗仪式结束后才能分食。我们家乡的习俗是将猪耳朵和猪舌头分别放在盆子里，猪舌头不能叫舌头，因为家乡话"舌"与做生意"蚀本"的"蚀"同音，为避免自己和亲朋好友做生意蚀本，便把舌头称为"赚头"，用猪舌头招待亲朋好友时也是说请客人吃"赚头"，寓意大家做生意都会赚钱，做任何事情都不会亏本。

　　祭祀祖宗时，父亲会把我们带到房子外面并将大门紧闭，此刻供奉祖宗的堂屋不能滞留人或鸡鸭猫狗，应该意在不得惊扰祖宗们享用盛宴。大约五到十分钟后，父亲会把大门打开，仔细检查贡品，看看是否有祖宗享用的痕迹。等到父亲宣布祖宗们已经吃好，并燃放鞭炮后，我们才能入席并大快朵颐。

　　母亲烹制的年夜饭至少有四盘四碗，用盘装着的是荤菜或大家认为比较高档的菜，用碗装着的是素菜或其他有家乡特色的菜。荤菜一般有鸡、肉、鱼：咸鱼和新鲜鱼分别用两个盘装，咸鱼一般是用青鱼腌制的，新鲜鱼最好是红鲤鱼，没有红鲤鱼也可以用鲫鱼、鳊鱼或者青鱼代替；肉一定是猪腿肉，不能用其他部位的肉替代,据说小孩吃了猪腿肉可以跑得快;鸡也得是喂了一年甚至几年的老母鸡,这样资历的鸡才能配得上一年到头最隆重的一顿大餐。碗装的素菜也是精心选择的,通常会有一碗蒸菜,象征着来年蒸蒸日上。这蒸菜用萝卜或者青菜切碎后打底,加入大米粉,入水搅和后拌匀,蒸熟后黏糊糊、香喷喷。有的小孩子一碗蒸菜就能吃饱,长辈们一般都会提醒要吃点其他的菜,尤其是猪腿肉。

父亲吃年夜饭时会喝点白酒,是那种老家酒坊酿制的粮食酒。父母会给我们喝甜酒——自己制作酒糟后,酒糟上面冒出来的那层汁液。纯粹的汁液太醇厚,小孩子喝多了会有喝醉的感觉,所以有时候也会在这汁液里面掺水,加热后再让他们饮用。

家乡的团年饭,不仅代表家人之间的团圆,也代表祖宗与子孙的团圆,还代表家人与家畜之间的团圆。在我们吃完饭后,母亲会撒一点剩饭给鸡鸭吃,也会在晚上喂猪时给猪吃一点剩饭,代表人类对这些满足口腹之欲的家畜的关爱与垂怜。

吃完年夜饭,休息一会儿后,父亲会带我们去祖宗的坟地送灯,据说是要用灯照亮祖宗回家的路。到了坟地,要先放鞭炮,然后烧纸钱,焚香祭拜,祈祷祖宗保佑一家人平平安安、子子孙孙兴旺发达。

这送灯与其说是一场祭祀活动,还不如说是一场社交秀,因为人们差不多是在同一时间去送灯,这里能碰见许多多年未见的乡邻。从20世纪80年代开始,家乡人奔赴四面八方去谋生,西边的新疆、东边的上海、南边的广东、北边的北京都有家乡人辛勤劳作的身影。但无论多远，只要春节能回家，大家都不远千里、风尘仆仆地回家，不只是为那个团团圆圆的团年饭，也为了送灯。其实这也是告诉列祖列宗，远方的游子回来了，祖宗们既要保护在家的子孙，也要保护出门在外的子孙。尽管这可能有点超出祖宗的职权范围——在祖宗的世界里，这些遥远的地方不说闻所未闻，最起码是足迹未至。要让祖宗保佑一个在他从未去过的地方干活的子孙，应该会有些难度，但祖宗既然收了子孙的香火纸钱，想必也会想想办法的。

　　送灯回来天色已晚，这时会再吃点晚饭，然后就要开始"守岁"。父亲会把早已准备好的木材点燃，在堂屋搭一个火堆，让大家围在火堆旁一边烤火，一边闲话。不过，用木材烤火会伴生烟雾，如果木材不够干，则燃烧产生的烟雾会更大，甚至会熏得人睁不开眼，所以后期就改为用煤炭烤火。

　　在没有电视机或者收音机的年代，我们常常在火堆旁守着守着就要睡着了，父母会笑着提醒我们还有守岁的任务，但看我们已是睡眼惺忪，也不会勉强。于是我们小孩去睡觉，而父母会在火堆旁继续守岁。

　　大年初一我们常常是被鞭炮声惊醒的，父母睡得比我们晚，但起得比我们早。他们会在天亮之前起床，然后在堂屋里放鞭炮，放好鞭炮才能开门。据说这是要在新的一年到来之际，把家里一切不好的东西都请出门，让这些都随风而去。早晨起来后我们会给父母拜年，父母也会给我们压岁钱。

正月十五的晚上是很重要的。家乡似乎没有元宵节一说，但有"三十的火，十五的灯"的说法，意思是大年三十和正月十五的晚上都要张灯结彩。基本上只要有电灯的地方，都要把电灯点亮，在点灯之前，我们还有一个到地里"赶毛狗"的仪式。

毛狗就是狐狸，父亲告诉我，很早以前，毛狗经常出没于农家，不仅伤害家禽，还把人们准备好的过年的食物偷走。为解除毛狗之患，人们放火烧了它的老窝，灭了毛狗家族，从此六畜兴旺。后来的人们为了纪念祖先的功绩，为了警示包括毛狗在内的可能危害人类的动物，也为了驱除家里的瘟神和晦气，便通过"赶毛狗"这种仪式，来祈祷新年的风调雨顺与家人的平平安安。

家乡的"赶毛狗"活动并不复杂，父亲会拿着稻草扎的把子，有时也会带点小鞭炮，带着我们来到自家田边。我们点燃稻草和鞭炮，同时喊着"赶毛狗喔"，希望能赶走一切瘟神和害人虫。

这"赶毛狗"的活动名称曾经出现过一些变化。因为毛主席姓"毛"，为了避讳，一度将"赶毛狗"改称为"赶蒋狗"，这里的"蒋"就是败退到台湾的蒋介石。不过，毕竟"赶毛狗"之名是千百年传承下来的，所以后来又恢复了旧称。

正月里还有一件很重要的事，就是"请瓢神"，当然这件事不是父亲一人能做的，也不是父母两人能做的，需要左邻右舍大人小孩一起协助，才能请动瓢神。"请瓢神"的目的是预测新年收成的好坏，也可以请瓢神解答一些个人关心的读书、工作以及婚姻大事等问题。

家乡的信仰既有万物皆有神的多神论的原始宗教色彩，也有道教的因素。按照父母的说法，家里的一切物品，都有相应的神祇在掌管，如喝水用的水瓢有瓢神，吃饭用的筷子有筷子神、饭碗有碗神，烧饭用的炉灶有灶神。似乎灶神的地位很高，是类似于监察官的角色，每年腊月二十三是灶王爷上天的日子，人们希望灶王爷"上天报好事，下界保平安"，还要给灶王爷焚香祭拜呢。

瓢神是从天上下来的，因为怕瓢神会摔跤，所以要准备一副梯子或者一根竹竿，放在"请瓢神"人家的房屋门口。然后，用木盆或瓷盆装满一盆米，上面放着一根筷子，筷子上面再放一只水瓢，大家一起开始念念有词：

  瓢姑，瓢神
  夜夜起，夜夜灵
  请起来问年成
  年成好
  给你一件花棉袄
  年成差
  给你一朵花

念着念着，筷子似乎就在大米上面动起来，这就意味着瓢神到了，人们会先了解瓢神的情况，然后开始提问。父亲说有一年他们请的瓢神才七岁，于是大家一致要求这个少不更事的小神仙回去，请他家里的大神仙下来。小神仙说大神仙都被人请走了，要请大神仙的话得另选时间。大家想再小的神仙也是神仙，于是就让小神仙留下来，没想到小神仙的预测还挺准的。

大多数时候请来的瓢神正当年，于是大家会在问完当年的收成之后再问很多问题，而瓢神会在大米上用画勾或者画叉来做出回应。

"请瓢神"实际上产生于人们希望新的一年风调雨顺的心愿，瓢神多数时候也会满足人们的心愿，用一个好的预测来回答人们的提问。对于瓢神一些关于个人问题的回答，诸如谁能否考上大学，谁能否当上干部，甚至还有谁家里的母猪能生几个崽之类的问题，人们往往是姑妄言之，姑妄听之。毕竟，瓢神高高在上，怎么可能对每个人的情况都了如指掌，对每个人的未来都洞若观火呢。

父母忙农活那时候，家乡的惯例还是种两季水稻——晚稻和早稻，中间还插播一季红花草或油菜。红花草一般用作早稻的基肥，而收割的油菜籽则送到油坊，换取每天家里烧菜用的油。

农闲结束后，父母一方面要准备早稻的育秧，一方面还要准备油菜的收割。

早稻育秧时家乡的天气还异常寒冷，但父母还是会赤着双脚在冷得刺骨的水田里走来走去，育秧的过程其实也是人与自然相互征战的过程。家乡的早春雨水多，得在育秧的田垄上蒙一层塑料薄膜给秧苗遮雨保温，同时还要设法把塑料薄膜固定在田垄与水沟的交汇处，避免薄膜被春天的大风刮走或拧成条状压坏秧苗。

早年家乡有一个口号，叫作"不插五一秧"，意思是五月一日之前要将早稻田的秧苗全部栽下去，这是人民公社时期有点激进的做法。无论是育秧期间，早稻田的修整期间，还是田地修整好后的栽秧期间，家乡都处于春寒料峭之际，世世代代的人们就是这样与天寒地冻搏斗，从严酷的大自然中取得一份可以果腹的食物。

父母不仅要与寒冷的天气搏斗，还要与大自然中一切可能危害人类的动物搏斗。在家乡，蛇常常给人们的生产生活带来威胁。

家乡有句谚语，三月三，蛇出钻。意思是过了农历三月初三，蛇就要从冬眠中苏醒过来。家乡的蛇有水蛇、竹叶青蛇、赤链蛇和蝮蛇等，这些蛇一般不主动攻击人类，在庄稼地里还是田鼠的克星。但如果人不小心碰到它，或者晚上黑灯瞎火踩到它，还是会引起它的反击。一般的蛇没有太大的毒性，而蝮蛇对人的危害却是致命的。

父亲告诉我，其实蛇也不可怕，俗话说打草惊蛇，看到蛇了，用身边的东西威吓一下，蛇就逃走了。万一有时候捉黄鳝逮住的却是蛇，也不要慌张，拎住蛇的尾巴，让蛇的头朝下，抖两下，蛇就没有战斗力了。

父亲说，小时候在竹林里面玩耍，偶尔会碰到竹叶青蛇，家乡把这种蛇叫作青蛇彪。这种蛇通体翠绿色，也就是说与竹叶的颜色差不多，藏在竹子上很难让人看清楚。而且，传说这种蛇很有灵性，看见人的时候不会逃跑，而是要与人比赛爬竹子，如果人赢了，蛇会气死，而如果蛇赢了，人会受到生命威胁。在这种不用比赛就能预测到结果的情况下，人最好还是退避三舍。父亲说这时候人要跑快些，因为即便青蛇彪不会主动攻击人类，但如果让青蛇彪把人头上的毛发数清楚了，人也会有生命危险。

蝮蛇在家乡被称为"土聋子"，意思是说这种蛇的颜色与泥土的颜色差不多，大概它的听力也不是很好，但这种蛇毒性很强，一旦晚上走路时不小心踩到，被这种蛇反咬一口，就会有生命危险。千百年来家乡的人都在与这些危险动物打交道，因此也有一些土办法来对付，只要适时找到郎中，也就是农村的土医生，他们基本上都会有祖传秘方来对付它。

端午节也是父母要忙忙碌碌的日子。这天，父亲会采来艾草，插在厨房的门口，同时，要准备雄黄酒，为小孩子涂抹在额头上，据说这样可以驱虫辟邪。

雄黄是一种矿物质，俗称"鸡冠石"，主要成分是硫化砷，并含有汞等有毒元素。家乡大人们饮用的雄黄酒，只是在白酒里加入微量雄黄制成。雄黄酒有杀菌驱虫、解五毒的功效，在没有碘酒之类消毒液的年代，用雄黄泡酒可以祛毒解痒。有讲究的大人不仅会在孩子的额头上涂抹雄黄酒，还会在他们的耳鼻、手心、足心等处涂抹雄黄酒，意在消毒防病。据说雄黄酒还有让成精的蛇仙现出原形的功能，我国民间四大爱情神话中的白娘子与许仙的故事中，白娘子就是因为喝了雄黄酒而现出原形。

端午节前父母要一起包粽子，到了端午这一天，父母会把包好的粽子煮熟，剥开后让小孩子蘸着白糖吃。家乡的粽子都是素粽，里面不放任何东西。后来我在外面见到各地的粽子，可谓五花八门：从外形来看，有家乡这种圆锥形的，还有长条形的、四方形的；从里面的馅来看，有包豆沙的，有包蜜饯的，有包咸肉的，也有包红烧肉的，确实是一方水土养一方人。

"双抢"是父母最忙的时候，也是我们全家总动员的时候。这时候一方面要抢收，即把早稻尽快收割并颗粒归仓，另一方面要抢种，即把晚稻的秧苗尽快栽下去。这时候父亲常常在鸡叫三遍后就起床，之所以要等鸡叫三遍，是因为家乡有个说法，黑暗世界的那些精灵会在夜深人静时出没，但它们害怕鸡叫，鸡叫三遍之后它们就无处遁形了。

父亲起这么早主要是为了出去扯秧，就是把秧苗从育秧地里拔起来，扎成小把，待天亮以后再移栽到新翻整好的水田里。父亲干这种活熟门熟路，干得又快又好。

"双抢"期间，我们每天都在与大自然抢时间，在整个抢收流程中，父亲的工作是关键环节。父亲要先与我们一起把早稻收割下来，再一起把这些稻谷挑到自家的禾场。之后父亲开始犁田、耙田，等田地平整后我们再一起下去栽秧。这秧苗主要是由父亲拔回来的，如果秧苗不够，父亲会再去扯秧，偶尔母亲也会一起去，留下我和姐姐继续栽秧。

我其实只是点缀，姐姐才是主力。父亲教过我插秧时如何双脚交替后退，这样可以通过灵活调整一行中几兜秧苗之间的距离来避免将秧苗插在脚印里，但我一直没学会。尽管我手上分秧和插秧的动作还比较规范，可因为腿上动作不规范，所以插秧的质量目测不佳,但应该不影响收成。

我们家田地最多的时期大约有不到九亩地,这里面还包括几分地的旱田,相对于我们家的劳动力来说,应该还可以对付。父亲坚持起早贪黑,再加上动作娴熟,我家基本上能按照时节把"双抢"的活完成。

稻谷收回来,秧苗插下去,"双抢"并不算结束,还要把新收的稻谷中最好的部分缴到粮站,等收到那张证明上缴多少公粮、值现金多少钱的白条才算大功告成。

从我读高中开始,父亲便会在缴公粮时带上我。多数时候我们会租了拖拉机把麻袋装的粮食拉过去,偶尔拖拉机排不过来,我们也会用牛拉着板车,赶着牛车把粮食运过去。

到了粮站,大家会排队,但也有一些有关系的人不用排队直接就去验收,看到他们验收回来略显得意的神情,父亲会很气愤。但气愤也没办法,如果等的时间过长,父亲会去附近的西瓜摊点给我买一片西瓜,而他自己却不吃。

等轮到我们时,粮站的质检员会用一根钢制扦样器具捅开麻袋,抽出少许稻谷看成色,主要是查验稻谷的干湿程度以及是否掺有杂质,并据此作出是否合格、按照何种等级定价的判断。父亲做事认真,送到粮站的粮食都晒了又晒,扬了又扬,看到粮站工作人员满意地点点头,父亲也会长舒一口气。因为即便我们认为送来的粮食已经符合要求,但只要质检员说不合格,我们也没办法,只能在粮站那里的空地上再晒上半天,或者用粮站提供的风斗再把稻谷过一过,剔掉瘪壳、碎草等杂质后再行验收。如果验收再不通过，那就只能把粮食拉回去，换一批粮食来缴公粮了。这不仅会产生很大的工作量，也有些丢人现眼。

验收合格后粮食要去过秤，这时我会配合父亲把麻袋放在那个巨大的秤上，因为几乎每个麻袋都被捅穿过，所以我们放上去时要小心翼翼，要把捅破的口放在上面，这样粮食才不至于漏出来。

父亲对于要缴多少公粮才能抵扣税收与提留是清楚的，所以我们缴的公粮一般会比应缴的多一些。粮食过秤之后我和父亲一起扛着麻袋走向那个巨大的仓库，进库后我们沿着谷堆上铺设的踏板，尽力将麻袋扛到谷堆顶，然后才能卸肩并解开袋口将稻谷倾倒出来。这一切都有工作人员管理，如果有愣头青在仓库里随便一倒就完事，马上会有工作人员过来指责，轻则让他把稻谷重新装入麻袋，再沿着踏板上去倒，重则罚他在仓库里做一会儿义工，所以大家基本上都会按照要求把粮食扛到上面去，甚至能否将一百多斤的麻袋扛到谷堆顶上已经成为一个农村男子汉的衡量标准。

"双抢"过后没几天，父母又要忙一场重要的祭祀活动，那就是七月半的祭祖。农历七月十五中元节，也称"鬼节"，老家称"七月半"，是祭祀祖先的关键节日。如果说春节是阳间最盛大的节日，七月半就是阴间最重大的节日。按照家乡的说法，农历七月，阎王会打开地宫之门，把鬼魂放出来到阳间觅食，享受人们的供祭，农历七月的最后一天，重关鬼门，群鬼又得返回阴间。

这个祭祀活动按家乡的说法叫作"打发爹爹婆婆"，一般要在农历七月十五之前完成。这个"打发爹爹婆婆"也有很多工作要做，先要买来黄表纸（用作祭祀的纸钱），然后将打过印记的黄表纸放入白色的纸袋，在纸袋上写上祖先的名字，再将纸袋封好。这有点类似于寄邮件，只不过收件人是故去的祖先。

我会协助父亲做一些工作，诸如把打过印记的黄表纸放到纸袋里。父亲说不能每份放得一样，要根据亲疏远近来确定纸钱的多少，一般来说是关系越近的放得越多，越远的放得越少。但有一项工作一定是我做的，那就是用毛笔在白纸袋上写收件人的姓名。我们不仅要给列祖列宗寄钱，也要给地盘业主、古老前人、孤魂野鬼寄钱，白纸袋要写上这些魂灵受用等字样，否则他们会来抢祖先的钱。

除了黄表纸，还要买一个押帖，押帖是那些法师们做过法的印鉴，相当于古代社会那些押送贵重物品的镖局的印鉴。据说有了押帖，祖宗们才能安全地收到这笔钱。

烧纸钱也有讲究，要画一个圆圈，在圆圈内烧。而且要先烧押帖，再烧孤魂野鬼等专用的纸钱，最后烧给列祖列宗的纸钱，这样列祖列宗才会收到全款。烧纸钱时还要说一些话，烧给谁就要叫他一声，比方说是给曾祖父的，要说曾祖父你要来领钱之类的话，而且要等到全部纸钱烧成灰烬才能离开。父亲说烧纸钱时要有男孩子在场，男孩子阳气旺盛，能压住阴气，否则的话列祖列宗也可能因为分配不均而生出事端来。

七月半不仅要烧纸钱，母亲还要准备一顿丰盛的晚饭给列祖列宗享用。据说阴间的菜和阳间的菜不一样，所以给列祖列宗吃的菜除了要符合祖宗的口味，还要符合阴间的要求。例如，给列祖列宗吃的红烧肉，不是真正的红烧肉，而是把冬瓜切成四四方方的块，再用刀把这些块纵横切成一个个小方块，最后红烧。其实，这样烧出来的冬瓜，不仅祖先喜欢吃，我们小孩子也喜欢吃。

吃饭的顺序照例也是关起门来让祖宗先吃，打开门后我们再吃。父亲说有一年"打发爹爹婆婆"的时候，一户人家在请爹爹婆婆吃饭时，只关了大门，忘了把后门关上，这时正好一只狗从后门经过，闻到香喷喷的味道，就跑到堂屋里的桌子上吃菜。家里的小孩听到爹爹婆婆吃饭的声音这么大，都吓得不敢说话。好不容易等到里面的声音停歇，推开门却发现一只狗懒洋洋地躺在桌子底下。一桌给爹爹婆婆准备的饭食，就这样被狗吃到了肚子里。

晚稻的收割尽管也要抢时间，可已经远不如"双抢"那么紧促了，只是晚稻的收割季节正好是孩子们上学的时候，缺少了孩子们的协助，父母的事情会多一些。到了晚稻收割时，晒田后的土地是干硬的，因此把晚稻割下来后可以直接铺放在田地里晾晒，俗称"放栏铺"。人手多的人家可以把打谷机直接搬到田地里去，一组人收割，另一组人随后就可以把谷粒打下来运回家。早稻收获后上缴公粮的任务已完成，晚稻的收成基本上就是自己家里吃的粮食，甚至还可以卖掉一些作为家里的开销。

我们家几块地的亩均收成参差不齐，尽管对每块地投入一样，但总归有的产量高一些，有的产量低一些。父亲与我算过，产量最高的那块地，大约每亩有七百斤，产量低一点的每亩只有六百多斤，平均下来也就是每亩不到七百斤。以一年种两季算，每亩的收成就是一千四百斤左右。扣除农药化肥的投入，父母种一年地，大约能有不到两百元的纯收入。当然这是20世纪80年代的水平，后来有了很大的变化。

晚稻收割后，栽油菜又是一项辛苦活，此时家乡天气已很寒冷，不仅要把油菜秧苗一株一株地栽到地里，还要浇点碳铵水，一会儿时间就能让手冻得通红。更关键的是，此时正好是家里各类所谓好吃的食品青黄不接的时候，腊肉、腊鱼等腊货已经吃完，而糍粑等食物还未接上。一方面我们要肩负繁重的体力活；另一方面肚子里面没有油水，干起活来不得劲。不过祖祖辈辈都这么苦过来了。

等到忙完地里栽油菜的事，父亲他们还有一项艰巨的任务，那就是"挑堤"，即给长江干堤及相关堤岸做一些维护保养。这些都是政府组织的无偿劳动，需要自己带好工具，带好米和菜，到离家十多公里远的地方劳动，劳动期间晚上应该是住在当地农户的家里。后来长江干堤改成机械化修筑的石头护坡堤岸，加之上游三峡大坝等水利工程建成投运，父亲他们这个"挑堤"的任务才算告一段落。

其实，不仅是"挑堤"，在农闲的时候组织人们无偿地干一些活，似乎也是家乡这边的惯常做法。我们村有一个湖湾，叫作"石湾"，是上津湖的一部分。彼时，村委会决定在湖湾接近中心湖区的地方建一道坝，这样既能方便两岸村民的来往，还可以把坝内的水域作为村里的自留地，在里面种藕、养鱼。这道接近五百米长的土堤就是父亲他们在农闲的时候挑土筑出来的，筑堤工程使得上津湖渔场利益受损，渔场与村委会之间还发生过小规模的械斗，最后似乎以村委会的胜利而告终。

石湾是偶尔能让生活浪漫一下的地方，也是父亲给我们带来一些特色食品的地方。每到夏天，满湾的荷花，有的娇艳欲滴，有的含苞待放。粉色的花瓣，金色的花须，绿色的莲蓬，亭亭玉立的荷叶，以及荷叶上晶莹的露珠，构成一幅美丽的风景画。父亲偶尔会采点荷花回来，放在瓶子里，于是室内便弥漫着一股清香。再过一段时间，菱角又成熟了，父亲会采来菱角，洗干净后让我们生吃。菱角的肉很鲜嫩，还有点甜味，但就是吃起来有些麻烦，要去掉皮，还要当心菱角尖把手刮破。

忙完"挑堤"后，父母就要为过年作一些准备了。主要是做三件事：杀年猪、打糍粑和熬麻糖。杀年猪要请专门的师傅，打糍粑也要请好多人一起做，只有熬麻糖是父母两个人的事。

所谓的"年猪"一般要长到两百斤左右，要喂养半年以上。农村里有专门干杀猪这类活的人，家乡称为"杀猪佬"，似乎这些人还要到政府部门备案，因为当年要征收屠宰税，他们还有代为收税的任务。父亲会给请来的"杀猪佬"准备几包烟，招待他们吃一顿饭，应该还会付他们一些工钱。

"杀年猪"是小孩子最盼望的事。不仅杀猪后有肉吃，小孩子还会得到一个很有趣的玩具，就是用猪的尿泡（膀胱）做成的"气球"。猪的膀胱有一定的伸缩性，洗干净后用竹筒吹大，就是一个气球，在没有玩具的年代，这个土制的气球是农村男孩子的宝物。父亲会把这个气球用绳子扎起来，系在一根竹棍上，作为送给孩子的礼物。

父母会卖掉一些猪肉，但多数还是自己家吃。家乡的做法是把这些肉用盐腌制，然后挂在外面晾晒，等到肉的腥味基本消除，再把肉挂到家里的墙壁上，需要时用刀割一块就能炒菜。

杀好了年猪，就可以请人来打糍粑了。打糍粑在当时也算一项浩大的工程，需要很多人的协力配合才能完成。母亲先用甑把糯米蒸熟，甑是老家蒸饭用的木制桶状物，有屉，无底，适用于大批量地蒸制食物。父亲把蒸好的糯米放在一个石臼里，请来的客人你一棍我一棍，依靠人工把糯米碾匀，待到已经看不见一粒完整的糯米且糯米完全黏连成一个整体后，众人会用棍把糯米团从石臼转移到桌子上来，再由不怕烫的老师傅把这个糯米团整成圆圆的饼状。老师傅的手上会抹一些油，省得糯米粘在手上。

父母一般会打二十个左右的糍粑，每个糍粑应该有十多斤，这样的作业一直从下午到深夜。除了要招待客人吃一顿晚饭，还要在结束后请大家吃一点夜宵，大家吃着用甑蒸出来的香喷喷的米饭，就着猪肉喝着白酒，也能消除干活的疲乏。父亲说一定要把请来的客人招待好，否则第二年就不会有人来帮忙了。

打好的糍粑先是放在塑料上晾干，过两天完全凝固后，父母会把糍粑切成一扎一扎，其实就是把一个糍粑切成六份，切好后用水泡在缸里，需要时捞出来，洗干净后切成一片一片的，就是父亲最爱吃的主食。

糍粑可以放在酒糟中煮着吃，可以放在米饭上蒸着吃，可以用油煎着吃，还可以在火上烤着吃，对于喜欢吃糯米食的父亲，糍粑怎么吃都吃不厌。

糍粑的保存似乎是一个问题，这种用水浸泡的办法，气温不高似乎还行，气温高了就会有些问题。虽然父亲会经常换水，但到了三四月份，水里就会有些味道，糍粑上面会长出一些黄黄的霉。这时如果再不吃掉，还会长出绿色的霉。当然，因为父亲喜欢吃糍粑，一般不会等到长霉就吃完了，但也有一些人家口味不一样，有人不喜欢，就这样一直保存到糍粑长出绿色的霉来。家乡的做法是把霉洗掉，然后继续吃，似乎也没吃出什么问题来。

熬麻糖一般要到腊月下旬了。制作麻糖也是一个很繁复的工程，主要工作是母亲做，但父亲会准备一些木材，替代一般烧饭用的草把。在糯米和麦芽熬制的过程中，父亲要掌握火候，配合母亲把这些原料熬成糖稀。等到糖稀慢慢变干，再起锅，把烫烫的、黏糊糊的糖稀转移到一个木制的架子上。之后父亲会把黄黄的糖稀慢慢扯白，扯到一些小小的气孔冒出来，就可以把麻糖敲成一段一段，或者做成一个一个麻糖圈了。

麻糖主要是春节期间招待客人用的。在没有点心的年代，麻糖以及以麻糖为原料制作的芝麻片是招待客人的主要食品。对于换牙期的孩子来说，麻糖不是他们的最爱，主要是麻糖偏硬，不太好咬，而且很黏，会把牙粘住，造成不适。小孩子有更喜欢吃的东西，那就是米花糖。

米花糖有两种，一种是用专门爆米花的机器爆出来的米花做成的，一种是自己家里用糯米制作的炒米做成的。两种都是拌在糖稀起锅后的锅里面，搅匀，然后用手捏成一个一个圆球。前者松软，后者结实，但前者不易保存，时间一长就不脆了，后者更易保存。这两种米花糖一般在夏天到来前就要吃完，因为气温升高后糖稀就会融化。

等到父母把这一切都准备好，春节也就快到了。父亲还要去集镇买年货，一般是点心、烟酒之类春节期间走亲访友的礼品，也会买红枣、木耳等作料，还有八角、桂皮等香料。当然，茶叶也是必需品。

一年一年周而复始，我们大了，父母也老了。1999年，父母跟着我离开了老家，来到了陌生的大上海。父母在老家的很多技艺在上海都派不上用场；上海的好多事情，父母都要学习。父母对自己荒废的技艺不遗憾，而对新学到的技艺满心欢喜。再后来，父母又回到了农村，重新开始他们熟悉的生活，只是不再种地。

当时谁也没想到，这样的生活还要重复一遍。

父亲与他的兄弟姐妹

骨肉天亲，同枝连起。

父亲大名李德山，出生于1940年的农历九月二十五日，是家里的长子，上面有一个姐姐，下面有两个弟弟和三个妹妹。其中最小的弟弟在三岁时过继给我的二爹二婆，用家乡的话说叫"立嗣"，所以三叔后来被我称为"大爷"，二叔反而被我称为"小爷"。

爷爷奶奶是典型的无产阶级，靠租种富人的地为生。据说东家是一位姓谭的地主，他们的大本营离这里有近十里的距离。不仅如此，爷爷奶奶住的房子也是租赁东家的。父亲说，当时的富人会在自己的田地附近建筑高台，然后在高台上建造房屋，主要是为后代分家做准备，也可以租给租地种的庄稼人住，让庄稼人可以就近耕种。家乡最怕的是水灾，俗语云"沙湖沔阳州，十年九不收"，就是讲水患频繁，十年有九年收成难保。在政府无法组织大家修建并维护大堤的情况下，个人自保的唯一方法就是将房屋建筑在高台上，以防范随时可能发生的水患。爷爷奶奶甚至无力单独租住这所高台上的简易房屋，只能与另外一个亲戚合租。

父亲九岁那一年迎来了家乡解放，与所有的翻身农民一样，爷爷奶奶租住的房子成了自己的房子，租种的土地也成了自己的土地。

解放对父亲的影响是革命性的。为了生存，父亲八岁开始给亲戚放牛，现在解放了，能够种自己的地了，不用给地主交租了，爷爷奶奶便让父亲回来读书。尽管后来因为要带弟弟妹妹，加上经济实在拮据，父亲也就读了不到两年的书，但这两年打下的基础，以及后来父亲担任财经队长期间自学的积累，让父亲有了相当于小学毕业生的识文断字水平。这些知识让父亲能够记账，能够掌管一个生产队两百多号人的经济大权，也在那个要求人人背语录的年代没有吃亏，更让父亲在晚年来到城市，与现代社会开始亲密接触后，能够使用现代化的家具，能够使用电梯，能够接打电话，能够记住路牌和门牌号码，能够按照医院提供的服药说明吃药。如果不是帕金森的折磨让父亲手抖得厉害，他应该能够使用智能手机，像我们一样享受现代社会的科技成果。

关于父亲的青少年时期，他常对我说的就是吃不饱。虽然父亲说得轻松，但我完全能理解这"吃不饱"所包含的真实内涵：家里兄弟姐妹多，每年生产的粮食就那么多，在供应不能增加的情况下，需求的增加一定会减少每人到口的份额。从这个意义上来说，三叔的"立嗣"事实上为爷爷奶奶减轻了生存压力，也为这个大家庭作出了独有的贡献。

更关键的是，父亲十八岁那年，家乡开始要求吃食堂，即不允许家家户户自己开火做饭，而是统一到生产队的公共食堂吃饭。大的背景是这年8月，中共中央召开政治局扩大会议，通过了《中共中央关于在农村建立人民公社问题的决议》，提出办公共食堂、幼儿园、托儿所、缝衣组、理发室、公共浴堂、幸福院、农业中学、红专学校等，把农民引向了更幸福的集体生活，进一步培养和锻炼了农民的集体主义思想。当时的口号是："吃饭不要钱，老少尽开颜；劳动更积极，幸福万万年。"父亲回忆，刚开始大家的确很开心，也能吃饱肚子，但很快每餐就只能吃到稀饭，而且稀饭越来越稀。对于父亲来说，这个"吃不饱"其实更多代表着生与死的考验。

父亲说他的那点文化知识帮了大忙。每年夏季的稻谷收割后，生产队会组织一些青壮年到杨河渡去交公粮。交公粮需要记账，需要识字，需要与粮站的人打交道，为免交过去的粮食因为各种原因被退回来，缴纳的等级最好还要高一些。这一切都需要一定的文化知识，父亲就这样被生产队选中去交公粮，并因此能改善一下伙食。

首先，交公粮的人出发之前可以吃饱。交公粮是一个力气活，要先把粮食放进箩筐，一人一担挑到船上，倒进船舱，然后驾船运到杨河渡。到了杨河渡后，需要把粮食挑到粮站去，验收完毕后还要把粮食挑到粮库。为了顺利完成这个任务，生产队会让交公粮的人吃得饱饱的，毕竟这些出去交公粮的人也代表着生产队的脸面。

其次，有一些灰色空间。父亲说他们可以趁粮站的人不注意，在倒粮入库的时候做点小动作，一只箩筐稍微剩一点点，几十只箩筐就能积少成多。父亲他们会把这些粮食用上衣裹着，到附近的农家去换饭吃。他们会先把稻谷碾成米，让农家做饭，就着农家的咸菜和酱萝卜，与农家一起吃。饥荒时期的这种小动作不仅让父亲能够吃几天干饭，也让附近的农家有所收益。我无意为父亲他们这个有些"损公肥私"的行为辩护，但我想父亲他们一个人这样做没被发现，几个人这样做没被发现，几个人同时做很多次也没被发现，一定不是他们的小动作有多隐蔽，而是粮站管理人员人性的温暖在发挥作用。这种对于受苦受难的人们的同情与怜悯，是中国传统社会生生不息的最温暖的底色，其实也是人类社会生生不息的最温暖的底色。人同此心、心同此理的同理心、同情心，是古往今来人类社会基本的道德准则。

最后，交公粮是公差，生产队不会因为这些人已经另外吃饭而减少对他们家庭的供应。尽管供应的只是稀饭，但多一点总是好的。就这样，父亲还能为家庭作一些贡献，他出去的时候不需要吃家庭的定量，回来时已经吃饱也不需要吃家庭的定量，爷爷奶奶等人可以比平时稍微多喝几口稀饭。

贫穷和饥饿没有击倒父亲一家人，他们都顺利地走过了那段艰难岁月，一个一个成家立业。

大姑妈嫁给了自己的表哥，也就是自己姑妈的儿子。这个在当时看来非常正常的婚姻在后来有些受到诟病，即近亲结婚的问题。幸而我的表哥、表姐和表弟一个个都智力正常，后代没有因此产生什么生理上的缺陷。古代中国的婚姻，除了五服之内的同姓不能结婚，什么姑表亲、姨表亲结婚都是再正常不过的，《红楼梦》里面的贾宝玉和林黛玉、薛宝钗就是姑表亲和姨表亲关系。

我和姐姐的童年是在爷爷、奶奶和三姑妈、四姑妈的照护下度过的。四姑妈只比我姐姐大七岁，比我大十岁，所以我们与三姑妈和四姑妈会更亲近一些。不过父亲与兄弟姐妹之间血浓于水的感情没有任何差异，无论是我已经立嗣的三叔，还是我们出生前就已经出嫁的大姑妈和二姑妈。

20世纪80年代实行包产到户后，我们这个大的家庭其实就是一个互助组，今天你帮我割稻谷，明天我帮你插秧，尤其在每年七八月的"双抢"期间，这种相互帮忙更是常事。其实，不仅是生产上的协作，生活上的协作也是这个互助组的重要内容，向生活条件稍好的亲人借钱更是常有的事。在我印象中，我读高中甚至大学时，父亲为了我的学费和生活费，就向二叔、三叔以及二姑妈借过钱，一般是在卖了粮食或者是卖了出栏猪之后再把钱还回去。因为二姑父在工厂上班，是我们大家庭里面唯一"吃国家粮"、有固定工资的人，所以我们向二姑妈借钱的次数会更多一些。父亲与兄弟姐妹之间的相互借款，从来都是有借有还，再借不难。这种生活上的协作不仅解决了亲人的急难愁问题，也更加融洽了相互之间的关系。

这个互助组能应对一些突发事件，让亲人们一起共渡难关。姐姐十四五岁时，有一天突然站不起来，后来很快就只能瘫坐在床上。记得她当时对我说,她要成为瘫子了,我还为此哭过一场。父亲很是着急,张罗着要马上送姐姐去医院。他去找了二叔和三叔,应该还有表哥,三辆自行车分别载着姐姐、父亲和行李去医院。幸运的是在当时的公社医院碰到一位老医生,老医生对六神无主的父亲说这不是什么大毛病,也不需要住院,只要在家里给姐姐多补充一些维生素应该就可以治愈:在淘米做饭时不要洗得那么干净,另外用米糠做一些粑粑给姐姐吃。父亲他们回来后如法炮制,果然一段时间后姐姐就恢复了健康。

这个互助组还是一些灾难事件的心理防护墙。20世纪80年代,大姑妈家正当青春年华的表哥突然喝农药自杀;20世纪90年代,先是奶奶去世,后是大姑妈意外离世,再是爷爷去世,还有二叔意外离世。爷爷奶奶走的年纪按当时的情况看已是高寿,但大姑妈离世时不到六十岁,二叔离世时还不到五十岁。这些亲人的离世给生者带来无尽的悲痛,父亲和三叔,还有二姑妈、三姑妈和四姑妈,一起帮助张罗后事,并对大姑父、二婶娘等进行抚慰。在众亲人的劝导下,大姑父和二婶娘终于从悲痛中走了出来,将几个子女抚养成人。

这样看来,表哥去世之前的日子,应该是我们这个大家庭最幸福的时光。虽不富裕,但已经解决温饱问题,正与我们国家的整体发展水平同步。

每年的春节,按照家乡的习俗,正月初一要给自己的长辈拜年。这一天,三叔会带着几个堂弟妹过来给爷爷奶奶拜年,父亲也会带着我们来给爷爷奶奶拜年。因为爷爷奶奶与二叔住在一起，所以我们三家初一会在一起吃饭。家乡的习俗是大年三十都在自己家团年，吃团年饭之前要放鞭炮，而且，谁家的鞭炮放得早，放得响，预示着他们来年会早发财，日子也会红红火火。可能是当年的鞭炮质量不过关，噼噼啪啪的热闹过后，还有一些未燃烧的鞭炮等着我们去发现，运气好还能找到一些有引信却未燃爆的鞭炮。我和几个堂弟最开心的事是比赛谁抢的鞭炮多，当然主要是我和南弟比赛，其他几个堂弟比我们小好几岁，只是我们后面的跟屁虫。我们不仅在自己家放好鞭炮后找这些战利品，还会去隔壁左右的家庭找。一般来说初一这天的比赛都是南弟找的鞭炮比我多，这可能与他从小动手能力比我强有关。

三叔会过来与我们一起放鞭炮。我们会把那些没有引信但还有火药的鞭炮从中间拗开，围成一个圆圈，点燃其中一个鞭炮，其他鞭炮便会火光四射，形成一种类似于焰火的盛况。如果期间还时不时燃到几个有引信的鞭炮，则更能助长这种喜庆的气氛。

还有一种测验男孩子勇气和能力的小游戏，就是把有引信的单个鞭炮点燃，恰到好处地扔到水里，会在水里掀起一股波浪，造成一种视觉上的震撼。三叔总能够达成这种效果，南弟似乎也会。只有我，要么扔出去的时间短了，鞭炮未及入水已经引爆；要么扔出去的时间长了，入水之后鞭炮引信淹湿了不能引爆。看来，难以把握做事情的分寸确实是我从小就有的缺陷。

正月初二是去外公外婆和舅舅家拜年的日子，这一天父亲会带我去给舅舅舅妈拜年，几个姑父会带着表哥表弟一起来我家拜年。因为我家离舅舅家不远，我们常常是吃完午饭就回家，这样下午我们又会与姑父、表哥等相遇。

那时候,表哥就是孩子王。记得那时十几岁的男孩子流行的是玩自制的火炮枪,即把自行车的链条拆开,做一些组装,配上橡皮筋、顶针和火炮,扣动扳机,可以发出类似于枪响的声音。在那个我们家连自行车也没有的年代,要弄到自行车链条已是不易,更何况还要从集市上买来火炮,这也需要一定的经济实力。大概因为那时表哥已经辍学,平时能够从湖里弄点鱼虾到集市去卖,这样也就能买到火炮。关键的是表哥心灵手巧,他做出来的火炮枪像模像样,引得我们这帮跟屁虫心里痒痒的,恨不得立刻把枪拿过来"砰"的一下放火炮。但火炮总归是有限的,放完了就没了,于是表哥会带着我们把火柴上的那点褐色的火药捣鼓下来,凑一堆放进枪膛,扣动扳机,也能发出"砰"的声音。当然,表哥还会用火炮奖励一下表现好的跟屁虫,于是那个受到奖励的小人就成了我们心目中的幸运儿。

从正月初三开始,父亲会带着我先到大姑妈家拜年,接着是二姑妈家,最后是三叔家。春节期间,父亲和其他长辈会给我们一些压岁钱,尽管不多,但因为我们平时没有零花钱,所以立刻就会有大富翁的感觉。我们用扑克牌玩"摸眼"的游戏,这种游戏不限人数,以每人摸到的牌不超过十眼半为限,只有十以上的花牌和大小王是半眼,其他的牌都是按牌面上的数字确定眼数。在十眼半之内是比大小,谁大谁赢;超过十眼半就称为"胀死",算输。有一个人做庄:如果大家眼数相同,则算庄家赢;庄家与大家都"胀死",也算庄家赢。不过,庄家也有要翻倍付钱的时候,就是有人摸到"五小",即手中五张牌加起来不超过十眼半。当然，如果庄家摸到"五小"，其他人就不用摸牌了，自动算庄家赢。这种游戏一次的输赢也就是一两分钱，但因为手里的钱本来就不多，几盘下来，运气不好的人就会输得精光。好在大家都算硬气，输了的人不会赖账，也不会哭鼻子——平时本来就没有钱，如果输光了本钱，也就是回到平时而已。

正月初四一般是先去四姑妈家，然后去三姑妈家，因为四姑妈家更近一些。那时候，在我们家初四已算春节的尾声，因为二姑父初五就要上班。两个姑妈会把那些平时我们难得吃到的菜，如猪心、猪肝、猪腰等一起炒了给我们吃，父亲和一些大人喝酒，而我们一会儿就已经吃饱。

家乡的习俗是春节期间的走亲戚以男性为主，而女性在家里，如果有亲戚过来，就做饭做菜招待。为了弥补几个姑妈没有回来团圆的遗憾，基本上正月初十以后，父亲和二叔三叔会接四个姑妈回娘家，姑父和表兄弟姐妹也都会一起过来，母亲她们通常做一顿正餐来招待。老家的正餐是所谓四盘四碗，当然更厉害的是六盘六碗，但这种一般不多见。过后四个姑妈又会请母亲、二婶娘和三婶娘去家里吃饭，当然父亲、二叔、三叔和我们一帮小东西也会跟着过去。亲戚之间的这种你来我往一般要持续到正月十五前后。

表哥的去世不仅是大姑妈一家的灾难，也是我们整个大家庭的灾难。这种悲痛和压抑的气氛持续了较长的一段时间，直到我考取大学才缓过劲来。后来，南弟也考取了大学，他的学校就在我的学校旁边，这时候我们大家庭才逐渐有些喜庆气氛。我是复读了一年才考取，而南弟是应届就考取了，所以大家庭的喜庆气氛在南弟大学一年级寒假回家时达到高潮。我和南弟俨然成为弟弟妹妹们的学习榜样，我们走东家，串西家，在吃饱喝足之后，帮助弟弟妹妹们指点迷津，期冀能再创辉煌。

我们的欢乐童年来源于父亲与他的兄弟姐妹之间的这种亲密关系。父亲是长子，又只有我一个儿子，我应该是这种亲密关系的主要受益者。

先说我读小学五年级时的一件事，这件事麻烦了我的两位叔叔和其他一些亲人。那时，尽管我快要小学毕业了，但四年级的暑假，我和一帮小伙伴依然在那里玩扑克牌，丝毫没有毕业前的紧张气氛。

那段时间好像我运气不太好，老是输钱，到五年级开学时，我居然已经欠了我的小伙伴接近六毛钱的赌债，要知道那时的六毛钱对我来说就是个天文数字，我是无论如何也找不到六毛钱来偿还这个赌债的。一方面是债主的天天催促，一方面是进入毕业班后的相对繁重的功课。在这双重压力下，我居然想到一个办法，那就是到当时的滑家垱粮站，去找我的爷爷借钱。

爷爷当时经亲戚介绍，在粮库做一些看门和杂务的工作，相当于现在的保安。爷爷先是在喻家碑粮站工作，后来又被调到滑家垱粮站，除了有免费的吃住，每月应该还有几块钱的补贴。爷爷在喻家碑粮站时，奶奶带我们去过，我自己也和另外一个小伙伴一起去过，这个小伙伴的父亲在粮站旁边的排灌站工作。滑家垱粮站我没去过，事实上，我长到十岁都没去过我们公社的所在地滑家垱镇，但为了还掉赌债后一心一意读书，我决定冒险一搏。

那天，我上学不久后就向老师请假，理由是身体不舒服。之后我就按照事先打听的路线往滑家垱方向走，走到庄家铺时我有点吃不准，就向旁边的一位中年人问路，说"我要去滑家垱粮站看爷爷，不知道该怎么走"。我还记得中年人姓刘，住在庄家铺旁边的村庄，当天要去滑家垱买木料，为儿子结婚打家具。大约我那时还算乖巧，刘伯伯说他正好与我同路，可以把我送到爷爷那边后再去办事。

我和刘伯伯边走边聊，午饭前刘伯伯带着我找到了爷爷。爷爷正在仓库里忙活，看见我过来大吃一惊，谢过刘伯伯后便带我去吃午饭。下午我就在粮站玩，这里比喻家碑粮站更大，我就像是刘姥姥进了大观园，兴奋劲和新鲜感让我早已把向爷爷借钱的事忘得精光。爷爷的领导和同事见我过来，也会来问问我的情况，我对答如流，加上我那时还算清秀，似乎还帮爷爷争了一点儿面子。晚饭的菜我至今还记得，是一条青鱼的中段，正是我的最爱。

吃好饭后我想起借钱的事，正准备向爷爷开口。这时，二叔骑着自行车找来了。二叔说我中午没回家吃午饭，父亲就向我的同学打听情况，因为我问过同学滑家垱怎么走，大抵也说过去滑家垱看爷爷的事，父亲知道我从来没有去过滑家垱，怕我走失，已经动员了二叔、三叔等亲人分头寻找，二叔被派到爷爷这里来。

知道情况后，爷爷和二叔都没有责怪我，只是催促我快点回家，那时没有电话，无法将我被找到的消息告诉父亲。回去的路上二叔骑得飞快，经过大姑妈家门口时才发现父亲等在那里，大姑父、大姑妈正在安慰父亲。见我回来，父亲流着泪一把将我抱在怀里，整个是一种失而复得的感觉。我也流着泪向父亲认错，然后我们一起走回家。半路上遇到来接我的母亲和姐姐，姐姐说她已经大哭过一场。

后来，是父亲给了钱让我还掉赌债，我从此一心一意地读书，也算是浪子回头吧。

再说我读初中三年级时候的一件事。那是一次期末考试结束后，尽管雨天路滑，我们一共四个同学还是决定冒雨回家。学校到我家还算是最近的，另外三个同学到家应该还要加上从学校到我家距离的五分之一到三分之一的路程。我们未吃晚饭便从学校出发，还未走完四分之一的路程，天就已经黑下来，好在我们已经在天黑之前过了河。尽管那天带我们过河的船老大一脸不高兴，因为当时已经临近春节，又风大雨大，他确实担了很大的风险。我们沿着乡间的泥泞小道，深一脚浅一脚地往前走，只能靠着远处农家的星星灯火来大致估摸前面的路，身上的衣服早已淋湿，鞋子泥泞不堪，且早已进水，就这样靠着相互搀扶和相互打气才走到我们村。这时应该已经走了接近四个小时，已是又累又饿，更别说我一个人回去还要经过一片坟地，我没有那胆量和勇气。于是我向大家提出可以去我四姑妈家吃晚饭，休整以后再回家。我的提议得到了大家的响应，我们一行四人就这样像乞丐一样出现在四姑妈面前。

四姑妈已经吃了晚饭，正在火塘边烤火。见我们进来，赶紧让四姑父抱一些柴火来把火塘烧得旺旺的，让我们把淋湿的衣服烤干，四姑妈自己则赶紧去给我们做晚饭。在我衣服烤干后，四姑父又打来热水让我洗脚，并让我换上干净的袜子和鞋。四姑妈很快就做好了晚饭，菜很丰盛，其他三个同学吃完晚饭就回家了，我则留在四姑妈家住了一个晚上，第二天吃过早饭，由四姑父骑自行车送我回家。

其实那次我们可以在学校待一晚上，第二天再回家的。顶风冒雨回家不仅让我们饥寒交迫，也把四姑父和四姑妈折腾了大半夜，第二天还要麻烦四姑父送我回家。好在我的姑父姑妈们一向不怕麻烦，为了我们，他们可以做任何他们认为应该做的事。

再往后就是读高中时候的事了。我考取一中，也就是我们地区的重点中学后，先要进行面试，是三叔送我去的。记不清这次面试是否有两场，反正我们是下午到县城的，晚上住在二姑父的宿舍。那天，三叔请我在县城的人民饭店吃晚饭，那是我有生以来第一次在饭店吃饭，也是我第一次喝啤酒。当时只觉得啤酒好难喝，不如我们家里自酿的米酒，还在想三叔为什么请我喝这么难喝的东西呢。第二天早晨，三叔带我到一个亲戚所在的餐厅吃早餐，我第一次吃到了油条，感慨这世界上怎么会有这么好吃的东西，也对三叔充满了崇拜：三叔既能吃这么好吃的东西，又能喝那么难喝的啤酒，真是了不起！

高中报名的时候我又做了一件傻事，当时可以选择住读或走读，我看了一下住读的费用，大概要比走读贵几块钱，加上面试时在二姑父宿舍住过，我就选择了走读，想着可以住在二姑父的宿舍。这个错误的选择让我在第一个学期吃足了苦头，也给二姑父添了不少麻烦。

我的苦头在于早饭和午饭不好解决。因为我要住宿，二姑父只能天天回家，早晨我只能在大街上买些早点，但后来很快钱就不够用了。于是我就早早地来到学校，与那些关系好的住读的同学约好一起在学校吃早饭，他们会多拿一些馒头或者包子给我，我再把钱给他们，学校的早点比大街上的早点要便宜许多。中午我不能如法炮制，因为没有碗筷，再加上食堂也不允许多打饭菜，所以我只能去学校附近的餐厅吃面条。我的预算只允许我吃最便宜的面条，且不能吃饱，否则一个月的餐费就不够用了。晚饭是二姑父帮我打好放在宿舍的，有时我拿着二姑父的饭票去工厂食堂吃饭，可以放开肚皮吃。

其实我这个错误选择的最大受害者还是二姑父。本来二姑父一天工厂的活忙下来已经很累，现在还要骑一个小时的自行车赶回宿舍，第二天一早就要从宿舍出发去上班。更重要的是，二姑父还得顶住工友的压力。二姑父那儿原先是住两个人的，还有一位是他的工友。以前的情况是如果那位工友家里来人，二姑父就回家，客人可以睡在二姑父的床上，反之也是，这样大家彼此方便，像上次面试时就是二姑父和工友一起回家，让我和三叔一人睡一张床。现在我天天住在那里，工友家里来人就没法调节了，二姑父还得向工友赔不是。就这样我麻烦了二姑父整整一个学期，第二学期开始，我就老老实实地报名住读了。我到现在都还在后悔这个错误的选择，亲爱的二姑父，您能原谅我的年幼无知吗？

大学期间也发生了一件乌龙的事，麻烦的是三叔。那是在大一下学期开学一个多月后，那天傍晚我吃好晚饭，正在宿舍休息，突然父亲和三叔推门进来，我大吃一惊。父亲见我好好的，也放下心来。原来父亲未收到我返校后给家里写的信，村里又在传说我们去云南前线打仗了，甚至还有传说我已经牺牲了，父亲在家里焦急万分，与二叔、三叔商量后，决定由三叔陪着父亲来学校一探究竟。

这里有必要介绍我的母校武汉大学和当时的背景。从1986年开始，武汉大学的新生就要到部队去参加为期一个多月的军训，军训结束之后据说可以授予预备役军官的军衔。第一年的军训是在湖南耒阳，第二年，也就是我们军训的这一年是在湖北的应山（现在的广水市），是在空降兵部队受训。我们那个年代的男孩子对于解放军和军装有一种特别的情结，到了部队，除了拍自己的军装照，也借了排长的军官服拍了一些照片，我把这些照片都寄回家了。其实我当时瘦得厉害，一米七五的个头，才一百零三斤，军装穿在我身上，根本显示不出那种威武和英气，用我同学的话说，我一看就是那种刚被俘虏过来的解放战士。但就是这些寄回家的照片，加上当时我国和越南在云南老山前线时断时续地发生小规模战争，让我的乡亲们认为我去前线打仗了，又因为我长时间没写信回来，就有乡亲推测我已经牺牲了。

在此之前，父亲从来没有出过远门，三叔尽管见多识广，也未到过武汉。两人凌晨就从家里出发，由三叔骑着自行车到县城的汽车站,坐了六点多钟的汽车来武汉。下午三点多钟到武汉后,两人也不知道武汉大学怎么走,就把我大一上学期写信留下的地址给别人看,最后在好心人的帮助下跌跌撞撞地找到了我的宿舍。

我赶紧带父亲和三叔去食堂吃晚饭,按照我当时的最大食量给父亲和三叔各打了四两米饭和两个菜。父亲和三叔很快就吃完了,也没说要加饭,我就以为两人已经吃饱了。后来母亲告诉我,其实父亲和三叔都没吃饱,两个人奔波了一天,直到晚上才有一口热饭吃,以父亲和三叔当时的年纪,再吃一碗甚至两碗都没问题。哎,我那时可真是够傻的!

吃完晚饭,我陪父亲和三叔在学校散步,我告诉他们哪里是开水房,哪里是澡堂,哪里是教室,哪里是图书馆。我们从桂园走到樱园,从梅园走到枫园,我给他们介绍学校建筑的风格,告诉他们武汉大学是国内最美的大学。这一次是父亲和三叔像刘姥姥进了大观园,不停地点头赞叹,三叔还说要是南弟能考到这样的学校就好了。当年的高考南弟不负众望,考到了我们学校旁边的武汉水利电力学院,若干年后武汉水利电力学院与武汉大学合并,三叔的远见终于得到验证。

第二天的早餐,我再次犯了糊涂,按照我每天的食量给父亲和三叔一人买了一碗粥和两个馒头。我那时真是榆木脑袋,就没想到父亲和三叔每天早晨是要吃一大碗米饭的,以米饭来计算的话,再加上两倍的馒头也不为过。我不知道年轻人是否都是这样以自我为中心,很少站在对方的角度考虑问题,但我确实是那种开窍很晚的人。

吃完早餐，我带父亲和三叔去了归元寺，下午原计划再去黄鹤楼或者是东湖风景区看看，但父亲一来怕耽误我的学业，二来怕花钱，说看到我安然无恙就放心了，坚持当天就要和三叔赶回去。于是我下午去火车站买票，晚上将父亲和三叔送上了火车。

现在看来，为了子女和亲人，父亲和我的叔叔、姑妈们可以全心全意地奉献自己，天大的麻烦也会自己扛下去；而在子女和亲人为他们做一些事情时，怕花子女的钱，怕给子女和亲人添麻烦，不愿成为子女的负担，又是父亲和我的叔叔、姑妈们一以贯之的行为准则。我不知道这是不是中国式父亲以及中国式长辈的通常情况，但在我们家乡，这种无私奉献的长辈的确较多。

2019年元旦前夕，二姑父的孙子盼盼在上海周边买的房子装修完毕，盼盼把二姑妈家的几乎全部亲人以及三姑妈都接到了上海。这时候我的父母也在上海，加上早已经在上海的四姑妈一家，我们一大家子在父亲住地附近的酒店聚会。这次聚会的规模算是空前绝后的，从人数上来看有接近三十人，从辈分上来看有四辈人。我俨然已经成为爷爷辈的人物，我表姐的孙子，还有姐姐的孙子，按辈分都应该叫我舅爹。

中午的聚餐由我的表姐夫请吃饭，说盼盼在上海受到我们这么多亲人的关照，一直未有机会表示感谢。我说按照上海的规矩应该是地主请客，但表姐夫非常坚持，还给父母带来很多礼物。于是我请大家吃了晚饭，商议二姑妈和三姑妈在父亲处住宿，让他们兄弟姐妹好好聊聊。

我原以为两位姑妈可以在父亲这边多住几天，想不到第三天父亲就说两位姑妈要去四姑妈家。我连忙赶过来，想劝说二姑妈和三姑妈，但两位姑妈说父亲这么大年纪，行动也不方便，还要做饭给她们吃，她们心里过意不去。加上四姑妈再三邀请她们过去，她们准备去四姑妈家住上两天后就回去。我说可以在外面餐厅吃饭，但两位姑妈坚决不同意。这时小外甥也赶过来了，说他已经陪着两位姑奶奶在大润发超市逛了一圈，本来想给两位姑奶奶多买一些衣物，但两位坚决不让，也就勉强买了一点吃的东西，稍后他送两位姑奶奶去四姑奶奶家。我见无法挽留，也只得与父母一起送两位姑妈下楼。在两位姑妈上车的时候，父亲流泪了，两位姑妈也流泪了，为他们这次短暂的相聚，也为他们一辈子的兄妹之情。

后来听说，表弟和大外甥要分别请两位姑妈吃饭，但两位姑妈再三要求，最好在家里吃，实在不行就在外面简单吃一点，不要多花钱。就在我想着周六周日还可以陪两位姑妈逛逛的时候，父亲说盼盼已为她们买好周六回去的车票，表弟会把她们送到火车站。我实在过意不去，就让妻子找了一些七八成新的旧衣服送过去，两位姑妈看不是我们另外花钱买的礼物，这才放心收下。

父母再次回到老家后，受到二姑父、二姑妈、三姑妈、二婶娘以及其他亲朋好友无微不至的照护。父亲曾电话告诉我，亲人们拿过来的蔬菜吃不完，买来的荤菜把冰箱塞满，罹患老年痴呆的母亲出现一些状况后，住得最近的二婶娘会在第一时间过来帮助处理。父亲去世后，也是二姑父、二姑妈、三姑妈、二婶娘等在家里帮忙处理后事，做了很多本来应该由我做的事情。

父亲和他的兄弟姐妹之间的这种血浓于水的亲情，互帮互助、互敬互爱的情谊，既有乡土社会千年的文化传承，也有现代社会既融入集体又尊重个体的文化渗透。他们之间既相互帮助，又保持各自的经济独立；既有共同的行为准则，又尊重彼此的选择，为每个人的精神世界保留着基本的体面与尊严。作为这个大家庭的长子，我会把这种良好的家风一直传承下去。

我相信，这一定也是父亲的心愿。

母亲与她的兄弟姐妹

爷亲有叔,娘亲有舅。

母亲大名曾三英,出生于1939年的农历正月十四,在外公外婆家里排行第二,上面有姐姐,下面有妹妹和弟弟。也就是说,我有两个姨妈和一个舅舅。父母与舅舅和姨妈关系密切,我们子女与表兄弟姐妹同样关系密切。

外公英年早逝,但留下相对较好的家底。母亲说,解放后划成分,以外公当时的家境和家中每年要雇短工甚至长工的情况,有人建议划定为富农。但外公雇佣的都是自己本家的弟兄,对待他们也是像亲人一样,不仅未曾刻薄,反而干活时用好酒好菜招待。这些弟兄都在工作组那边说外公的好话,当时工作组的负责人姓颜,据说孔、孟、颜、曾四家因为孔子的关系都算是本家,所以姓颜的负责人就照顾了姓曾的外公,将外公划定为中农,这就为外公一家省掉了很多麻烦。在没有任何恶行的情况下,有着十来亩地的自耕农外公,就这样避免了成为严酷的政治斗争对象，也没有给自己的后代留下招人歧视的政治身份。

母亲曾告诉我，外公有一次被拉壮丁，跟着队伍已经走到很远的地方，但外公舍不得家里的妻儿老小，就和一帮老乡一起当了逃兵。可能是逃兵太多最终被长官发现，很快就有士兵追上来了。外公看着前面有一片战争留下的尸体，赶紧躲在尸体下面，靠屏住呼吸才捡回一命。随后外公靠讨饭和东躲西藏回到家，到家后应该是贿赂了保长，才没有被追究责任。外公的故事也印证了那个早已被历史检验的结论：靠拉壮丁维系的军队不可能有战斗力，腐败的政府一定会被推翻。

外公的房子建筑在一个被称为"曾家台子"的高台上，屋后有一片很大的竹园，竹园旁边有个小池塘，池塘的水很干净，可以在这里淘米洗菜。外公去世后，外婆含辛茹苦，将几个子女抚养成人。在我六岁那年，外婆在赶集回家的路上因为高血压去世，当时也就六十出头。

父亲与舅舅的关系特别亲密，这可能与母亲特别疼爱这个自幼失怙的弟弟有关，更重要的是舅舅是读书人。如果不是大饥荒，舅舅不会从学校退学，也不会失去公职人员的身份。父亲保留着传统社会的美德，对读书人特别尊重，他也确实在与舅舅的交往中学到一些知识，提高了识文断字的水平。父亲与小姨父同为生产队长，业务上有很多共同语言，可惜小姨父英年早逝，留下小姨妈和四个儿女。而在小姨父走后不久，先是最小的表妹不幸夭折，后是二表姐因病去世。父母与舅舅舅妈，还有小姨父这边的众亲人，最终帮助小姨妈一家从困境中走了出来。小姨父的去世给我表弟造成的影响是巨大的，表弟少时聪明好学，以他的机灵劲，在读书的路上应该可以走得很远，如果说我这样智力平平的人都可以考上大学，表弟一定可以考上一个更好的大学。为了照顾家庭，懂事的表弟在初中时就主动辍学，在表姐出嫁后承担了一个家庭的重担。

大姨妈一家离我们三家比较远，在那个交通靠走的年代，来来去去很是不便。大姨父是参加过抗美援朝的老战士、老党员，又长期担任基层干部，年龄比父亲大了很多，所以父亲在与大姨父的交往中是尊敬多于亲密的，但这并不妨碍我与大姨父家的表哥和表姐的亲密关系。父亲去世后，大姨父这边的几位表嫂来吊唁，我还对大表嫂说，大表哥就是我们少时心目中的英雄。大表哥不但一表人才，工作在国企，还能把自行车骑到类似于杂技表演的程度。每年春节大表哥来给父母拜年时，常会带着我到生产队的禾场上去玩。表哥不仅教我骑自行车，还表演他的拿手好戏，他一边骑自行车一边弯下身来捡地上的土坷垃。刚开始还只是捡他自己指定的土坷垃，等愈加熟练后，会让我指定一块土坷垃由他在骑行中捡起来。禾场上较为平整，很难找到较大的土坷垃，我常常会跑到旁边的农田捡几块土坷垃过来。大表哥会指导我把大的土坷垃掰成小块，因为土坷垃越小越能显示出大表哥的本事。母亲去世后，大表哥过来吊唁，我讲起这些事，大表哥说他已经不记得了。

不仅是大表哥，我在高中读书时还麻烦过二表哥。那时二表哥已经成家，新婚的房子就在我从学校回家的必经之路上。一个周六下午，我从学校出来后，走到二表哥家已是又累又饿，突然就想到向二表哥借自行车骑回家。我打起精神来到二表哥家,向二表哥借车,说第二天返校时再来还车。二表哥二话没说就把车借给我,还叮嘱我路上注意安全。20世纪80年代的自行车比现在的家用轿车还要稀罕,对于农村家庭来说,自行车不仅是消费品,还是生产工具,是每天出门干活离不开的伙伴。即便如此,二表哥依然如此慷慨。现在想来,我那时确实不懂乡情、不通人情,实在是难为了我的二表哥。

舅舅是这个大家庭的灵魂人物。这不仅是因为他是读书人,是基层干部,更重要的是舅舅对这个大家庭的倾情付出。

父母告诉我,在他们的小家庭组建之初,对小家庭资助最多的就是外婆和舅舅。大约外婆还保留了一点点大洋,每逢小家庭困难之际,外婆和舅舅就会像及时雨一样送来物资或者大洋,让这个小家庭绝处逢生。

说到大洋,就是民国时期的"袁大头",因为是银元,1949年后依然可以按照一定比例兑换人民币,大约是一块大洋换五到十元人民币不等。母亲说,我们几个孩子出生时,按照家乡的习俗,要用银饰做成项圈戴在脖子上,还要做手环和脚环。这一切银饰都源自外婆和舅舅送来的银元。

外婆去世后,舅舅依然是这个大家庭的主要资助者。小姨父去世后的一段时间,小姨妈这边连遭不幸。每到春节前,舅舅会把房屋旁边小池塘的水排干,逮一些鱼上来,有一些鱼甚至重达五六斤。舅舅让表姐和表哥先给我们家送一些鱼和其他物资,然后我们几个兄弟姐妹一起去小姨妈家,送上鱼、肉、豆腐干还有麻糖等,这样我们几家都能过一个相对充裕的春节。在那个物资匮乏的年代,舅舅送的这些物资,不仅为春节期间的待人接物提供了充足的原料,也为几个家庭点燃了希望之火。

舅舅对这个大家庭的贡献,不仅仅是物资上的,更重要的是精神上的。舅舅少时聪颖,初中毕业考进师范学校,当时考进师范学校就可以转粮油关系,也就是从农村人变成"吃国家粮"的人。不幸的是,那个年代的学生很少能安安静静地在学校读书,而是按照开门办学的要求,今天在这里帮助插秧,明天在那里帮助割稻,后天又去柴山砍柴。不读书也就算了,要命的是还吃不饱,大饥荒年代留给舅舅这些学生的餐食依然是定量的稀饭。不读书,吃不饱,还要干重活,再加上思念外婆,舅舅趁一次出来砍柴的机会逃回了家。大概学校觉得少一个吃饭的人对学校也不无裨益,于是舅舅就这样放弃了吃"国家粮",回到外婆身边,成了生产队的一名小社员。在当时的农村,舅舅这样的人已经算知识分子,于是舅舅很快得到重用,一步一步做到了大队的会计,后来又入党,还担任过大队的书记。

小时候,舅舅家就是我们的天堂。每到寒暑假,我和小姨妈家的表弟便会相约去舅舅家。在舅舅家,我们不仅有年龄相仿的玩伴,可以一起做作业、一起玩耍、一起憧憬未来,更重要的是,只要舅舅有空,便会带我们做一些智力游戏,会给我们讲故事,这些文化启蒙只有舅舅这样的读书人才能带给我们。

记得舅舅考过我们一个问题:一斤棉花一斤铁,谁重?我和一帮表兄弟姐妹在那边吵得不可开交,有的说棉花重,有的说铁重。舅舅在那边笑得前仰后合,边笑边说,都是一斤重,哪有谁重谁轻呢?我们这才恍然大悟。舅舅还让我们猜谜语:又进了村,打一个字。我还在瞎琢磨时,表弟已经想出了谜底,说"是'树'",我们都佩服表弟的机灵。

  舅舅给我们讲过一个不怕鬼的故事。故事内容大概是这样的——南阳地方的宋定伯年轻的时候,有一天夜里走路遇见了鬼,问道:"谁?"鬼说:"我是鬼。"鬼问道:"你又是谁?"宋定伯欺骗他说:"我也是鬼。"鬼问道:"你要到什么地方去?"宋定伯回答说:"要到宛市。"鬼说:"我也要到宛市。"他们一同走了几里路。鬼说:"走路太累了,我们可以互相背。"宋定伯说:"很好。"鬼就先背宋定伯走了几里路,鬼说:"你太重了,恐怕不是鬼吧?"宋定伯说:"我刚死,所以身体比较重。"轮到宋定伯背鬼,这个鬼几乎没有重量。他们像这样轮着背了好几次。

  宋定伯问:"我是新鬼,不知道鬼害怕什么?"鬼回答说:"只是不喜欢人的唾沫。"在路上遇到了河水,宋定伯让鬼先过去,一点儿声音也没有。宋定伯自己过去时,水哗啦啦地发出声响。鬼又问:"为什么有声音?"宋定伯说:"我刚死不久,还不熟悉渡水,不要见怪。"快到宛市的时候,宋定伯把鬼背在肩上,紧紧地抓住它。鬼大声惊叫,恳求放他下来,宋定伯不再听他的话。一直背到宛市市场,宋定伯才将鬼放到地上。这时,鬼变成了一只羊,宋定伯就卖了它,得到一千五百文钱。宋定伯还担心鬼再有变化,就朝它身上吐唾沫,鬼果然不能再变了。

  舅舅还给我们讲过一些读书人励志的故事。古时候有一个叫匡衡的人,小时候因为家里穷,没钱上学。后来,他跟一个亲戚学认字，才有了看书的能力。匡衡买不起书，只好借书来读。为了借到书，匡衡在农忙的时节，给有钱的人家打短工，不要工钱，只求人家借书给他看。过了几年，匡衡长大了，他一天到晚在地里干活，只有中午的时候才有工夫看一会儿书，一卷书常常要十天半月才能够读完。匡衡很着急，想多利用晚上的时间来看书，可是家里很穷，买不起点灯的油。有一天晚上，匡衡躺在床上背白天读过的书，突然看到东边的墙壁上透过来一线亮光。他走到墙壁边一看，原来从壁缝里透过来的是邻居的灯光。于是，匡衡想了一个办法，他拿了一把小刀，把墙缝挖大了一些。这样，透过来的光也更亮了，他就凑着这透进来的灯光，读起书来。匡衡就是这样刻苦地学习，后来成了一个很有学问的人。

有一个叫车胤的人，从小好学不倦，也因家境贫困买不起油灯。一个夏天的晚上，他正在院子里背书时，看到有许多萤火虫飞来飞去，便捉来数只放在白绢口袋里，利用萤火虫发出的微弱的光来读书学习，最后成了朝廷重臣。

有一个叫孙康的人，也是因为家里穷买不起灯油，每天便早早睡觉。有一次他从睡梦中醒来，发现窗外的雪把屋里映得光亮，便没了睡意，起身在院里读书，果然雪的反光让书籍上的文字清晰可见。以后每逢有雪的晚上，他都会抓住机会读书。由此，他的学识突飞猛进，最终成为名人。

还有一个叫孙敬的人，年轻时勤奋好学，经常关起门来独自一人读书。由于读书时间长，劳累时容易打瞌睡，孙敬怕耽误学习，想出一个特别的办法：他找来一根绳子，一头系在自己的头发上，一头绑在房梁上。读书时只要打瞌睡，头一低，绳子就会把头皮扯痛，人马上就清醒了。后来孙敬成为著名的政治家。

　　舅舅讲的这些故事，既有一定的趣味性，又有很强的教育意义。我们常常在舅舅还没讲完时就发出疑问：鬼为什么会变成羊？哪有自己家的墙体与别人家的墙体连在一起的？萤火虫的微光真的能照亮图书吗？……舅舅告诉我们，书上就是这么说的，让我们也学习这些历史名人，通过读书改变自己的命运。舅舅对我们的启蒙确实收到了成效，我们这一辈出了两个大学生，孙辈则都是大学生。尽管现在都在说寒门难出贵子，都在说文凭贬值，但我相信受过高等教育的农村孩子，还是比那些没受过高等教育的人有更多的机会。

　　舅舅家如此吸引我还有一个重要原因，即表哥是我少年时代最要好的朋友，我们无话不谈，手足情深。当表哥有时表现出青春期叛逆，不愿与舅舅和家人交流时，还有我这样一个"中介"，可以帮助表哥和舅舅进行沟通。当然，后来作为舅舅唯一在老家工作的儿子，表哥和表姐是对舅舅和舅妈照顾最多的人。这是当年表哥与舅舅爆发青春期冲突时大家都无法想象的。

　　在众人眼里，表哥是一个内秀的人，用老家的话说是"茶壶里面装饺子——有货倒不出"。但我知道，表哥不仅肚子里有货，还很能说，关键是他想不想说。与表哥在一起时，我是文科头脑，表哥是理工科头脑，表哥能用他学到的物理、化学知识来解释生活中的一些现象，我对他崇拜得五体投地。不过，进入高中后，我发现我对表哥的认识并不全面，表哥不是一个简单的理工男，而是一个有思想的理工男。一个有思想的理工男，碰上一个同样有思想的老爸，如果父子之间的交流不是表哥认为的那样平等，表哥就会关上他交流的大门。随着表哥后来上了大学，不断地学习新的思想、新的知识，这些问题都迎刃而解了。

记得高中时代表哥就开始订阅一些刊物，有考试做题类的，也有小说类的。小说类的刊物中，有两篇令我印象深刻，因为我与表哥曾热烈地讨论过在当时看来还很高深的问题。一篇的名字叫《转弯处发生车祸》，一篇则是写20世纪20年代轰动全国的临城劫车案的，小说的具体名字我记不清了。

《转弯处发生车祸》写的是一辆载着几十名乘客的大篷车，由于司机玩忽职守，以致车子从秦岭的长坡上一头栽进深沟里，当场死十人，伤十二人。翻车现场荒无人烟，前不着村，后不靠店，几位幸免于难而又较早苏醒过来的乘客开展了一场艰苦的自救活动。人性的善恶在这里都有充分的展示，有的人只顾自己逃生不管别人的死活，有的人在自己逃生的时候会顺便帮助一下别人，还有的人一心一意帮助别人。记得看完这篇小说后，我和表哥就人性善恶产生了很大的分歧。大概我主张人性善，而表哥主张人性恶，但我们其实都没有更多关于人性善恶的知识，只是在那里发表自己的一些感性认识。由于我对表哥一贯崇拜，最终似乎是以我的妥协收场。

说到人性善恶，我记得是大学阶段对于这个问题有了初步了解，深入了解则是在研究生阶段。那时我们一帮研究生给复旦大学辩论队陪练，其中就有一道关于人性善恶的辩题，我们为此也查阅了很多资料。大学阶段我读过孔子和孟子的书，也读过卡耐基和弗洛伊德的书，对人性的善恶有了一些粗浅的认识。陪练期间又查阅了很多关于人性善恶的书籍，发现古人对于人性善恶有很多非常精辟的认识，这些经典著作已经成为人类知识体系的宝藏。当然，复旦大学辩论队在新加坡国际华语大专辩论赛上关于人性善恶的阐述，尤其是昌建师兄那"恶之花能结出善之果吗"的惊人一问，也进一步完善了我关于人性善恶的认知。

关于临城劫车案的小说，大致内容是这样的：20世纪20年代，一辆从南京浦口开往天津的列车在途经山东临城时遭遇武装人员伏击，铁轨被拆，列车脱轨侧翻，包括几十名外国人在内的上百名乘客被劫为人质，命悬一线。制造这起震惊中外的劫持案的首领竟然是一个二十多岁的小青年，这个年轻人的名字叫孙美瑶，孙美瑶和他的哥哥孙美珠在那个兵荒马乱的年代落草为寇，他们不安心只做个山大王，冒险劫持火车制造国际事件，想实现更大的人生目标。案发后官方与民间积极营救，外国列强不断施压，经过多轮谈判，北洋政府答应孙美瑶招安的要求，收编了这伙武装，任命孙美瑶为旅长。但半年之后，就宣布了孙美瑶因违抗军令遭就地正法、死于非命的消息，此后部队遭到解散，其他主要首领亦被政府军枪杀。

印象中该小说作者对孙美瑶有很多美化的表述，基本上是把他当作替天行道的又一个宋江，当作一个反抗腐败政府却最终被政府阴谋陷害的草莽英雄。

按照我们当时的认知，我和表哥对小说对孙美瑶的定性没有异议，尽管按照现在的说法，孙美瑶是民国第一"悍匪"。我们产生争议的是当时对外国人的态度，即应该与外国人合作还是应该排斥外国人？如果我们应该与外国人合作，那么孙美瑶显然就是在给当时的政府惹麻烦；如果我们应该排斥外国人，则孙美瑶显然做了一件政府想做但不方便做的事情，他是义和团式的英雄。

记不清我和表哥各自站在哪个角度辩论，但显然我们谁也无法说服谁。其实，我们当时对于这些事情的认知也非常肤浅：认同合作的，就是觉得做任何事情都要有几个朋友和帮手，不能单打独斗；认同排斥的，也就是觉得外国人都是坏蛋，找坏蛋做朋友还不如没有朋友。现在看来，我们当初争议的问题，真的是一个需要认真反思的问题。现在有些人一味地主张抵制洋货，在"地球村"的年代，这种想法和做法显然与"人类命运共同体"的伟大理想背道而驰。

在我考取大学后，舅舅对我们家的资助不仅没有中断，反而还提高了标准。父亲曾对我说，任何时候都不要忘记两个大家庭对我们家的支持，尤其是舅舅对我们家的资助。我工作以后每次回家，必定会去舅舅家探望，舅舅在一如既往地准备很多好吃的东西的同时，还会与我探讨一些工作上的问题。舅舅对他比较陌生的城市生活，以及围绕城市所展开的社会与经济生活，保持着非常浓厚的兴趣，舅舅站在农村的视角对城市提出的一些疑问，也让我这个从农村出来的城市人受益匪浅。

2001年，父母第二次来上海帮我们带孩子时，我的想法是以后就让父母一直住在我这里，父母应该也这样想过，所以在我返乡接他们来沪时，他们把一些东西放在四姑妈家里，让四姑父和四姑妈给舅舅送过去。四姑妈说,他们把东西给舅舅送过去时,舅舅哭了,大概是觉得从此很难再与亲人相见了。三年多后,父母再次回到老家,他们说舅舅开心得像个孩子。

这段时间应该是这个大家庭过得最为舒心的日子,母亲四姐弟都还健在,子女都已成家立业,生活有些许的压力,但温饱早已解决,孙辈们一天一天在长大,希望也一天一天在增长。父亲与母亲这边的大家庭走动比较频繁,我和姐姐都不在身边,更多的是舅舅和我的表哥表姐们、姨妈和我的表姐表弟们帮我们照顾父母。

舅舅后来的住房边上依然有鱼塘,所以舅舅的"保留节目"就是时不时给父母送些鱼过来,不仅是鱼,还有虾、黄鳝等水产品。小姨妈逢年过节会在我们家住上两天,两姐妹一起说说前尘往事。根据母亲的叙述,小姨妈是她在娘家时的主要帮手,外公去世后,大姨妈也在那段时间前后出嫁,家里干活的主要是外婆和母亲的姐妹,彼时舅舅还小,且还在读书。外婆以照顾家里和烧饭为主,在外面干活的是母亲和小姨妈。农村的很多活都是重活,既需要力气也需要技巧,即便是年轻的男孩子干这些活也非常吃力,可以想见母亲姐妹干这些活时的艰辛。尽管小姨妈年轻时命运多舛,但后来我的表姐和表弟对小姨妈非常孝顺,而且把这种孝顺延伸到我的父母身上。

表姐和表姐夫的住房离小姨妈家不远,大概是那种喊一大嗓子就能听见的距离,离我们家也不过三四里地。我们后来的住房在公路边,表姐和表姐夫每每有事经过,总会过来探望,有时候也会帮父母干一些稍微重的活。表弟非常勤快,除了把家里的几亩地侍候好，更多的时间则在外面做竹制品生意，一次出去两三天的时间，回来总归会赚上一笔钱，运气好的时候收入能超过成本两三倍。表弟赚了钱很开心，经过我们家时总会带上一些好吃的东西，如各种新鲜水果，还有一些荤菜。父亲说，表弟不仅会带鱼过来，而且把鱼杀好，有时还会露一手，把鱼烧好，自己却不吃，推说已在城里吃好。

表哥和表嫂每周都会回家探视舅舅和舅妈，同时也会去探视我父母。父母告诉我，表哥表嫂每次过去都会带上一些新鲜水果，而且很多，还没吃完，又送新买的水果过来了。前几年舅舅还坚持种地，十来亩地的打理主要靠表姐和表哥夫妇，几个表弟平时工作忙，但农忙时节也会回家帮忙。后来农村土地流转，舅舅的地都按照村里的统一安排流转出去给企业养龙虾了，每年每亩地都有近千元的分红。

说到舅舅这边的土地，不能不说解放以后农村在农田水利基础设施建设方面的成就。在那个"天上没有玉皇，地上没有龙王，我就是玉皇，我就是龙王，喝令三山五岳开道，我来了！"的年代，家乡掀起了大规模的农田水利基础设施改造运动，与大大小小的公路相伴的排灌设施，每隔一定距离就有一个的排灌站，以及各个生产队设置的抽水机，从根本上改变了东汉以来依靠水车供水的局面，为农业的丰收提供了基本保障。同时，由于长江干堤和其他一些河流的堤岸有专人管理和养护，防汛期间还有大规模的队伍值守，原本一家一户用于水患自保的高台今天已无必要，于是这些高台被挖来填平那些低洼的田地甚至池塘，大片平整的土地又进一步改善了供水条件。当然，所有这些力气活都是父亲他们这一代的义务劳动，碰上个好一点的领导也就算了，如果碰上个不好的领导，今年张书记要修一条路，明年李书记要开一条沟，就让父亲他们吃足了苦头。

中国的巨变是从农村开始的。很长一段时间，农村与城市是双轨制，在两条不同的轨道上运行，只是城市需要土地和劳动力时，农村这个"备胎"才会发生作用，可以说既是二元经济，又是二元社会。进入21世纪后，先是取消了农业税，后是对种地实行补贴，按照每亩确定补贴标准。同时，政府加大对农村农田水利基础设施的改造，不仅加强农村公路建设，在资金渠道上也是由政府购买服务。这个时候的劳动变成了有偿劳动，按天发放工钱。舅舅这边的农田水利条件进一步改善，收成越来越好，由于国家对粮食实行保护价收购，农民的收入也越来越高。可惜父亲和舅舅他们年事已高，身体也每况愈下，用父亲的话说就是以前有力气的时候干活赚不到钱，现在有钱赚了却没力气干活了。

我的两个姨妈和大姨父在好几年前相继病逝，母亲的大家庭就只剩下母亲和舅舅姐弟俩了。父母第三次从上海回来后，尽管舅舅的身体已经大不如从前，但依然为父母的事情忙上忙下，依然会带来一切他所认为的土特产品。也许是都有病在身，也许是母亲姐弟四人只剩下两人，父母与舅舅更加珍惜这晚年的岁月。父亲由于中风后遗症，加上足疾，已经不能到舅舅家里去，于是舅舅就经常过来陪伴，常常一坐就是一下午。舅舅身患尿毒症多年，后期的时候已经无法骑自行车，走一步路其实都已经非常艰难，更不用说要走半个多小时。

父亲去世的当天,我的表哥、表嫂,表姐、表姐夫和表弟都从四面八方赶过来,帮助处理后事。当天晚上我从上海赶回来,到家时已经过了晚上十点半,在平时这是农村熄灯睡觉的时候,但我到的时候,表哥、表嫂、表姐、表姐夫和表弟都还在。后来几天,表哥、表姐和表弟陪我守夜,帮我照看母亲。在父亲入土为安后,我们把母亲送到了养老院,又是表哥和表嫂,还有舅舅家的表姐,经常帮我探视母亲。

父亲去世后,舅舅老泪纵横,他对我说:"你父亲是一个贤惠的人,是一个能干的人,也是一个有德行的人。"舅舅说父亲从未在他的面前说过母亲的不是,即便是在母亲罹患老年痴呆症,行为和言语都有些古怪后。父亲与舅舅和姑妈等在一起讲到这些事情的时候,父亲还把嘴巴凑到姑妈耳朵边上小声地讲,生怕舅舅听到。

父亲走后不到四个月的时间,舅舅也走了。表哥微信告知我这个噩耗时,我竟然一时间反应不过来,过了好一阵,我才想起与表哥电话联系。表哥告诉我,舅舅当天早晨感觉有些发烧,还说胸口痛,后来吃了一点退烧药后就去休息,之后没再说话。等到午饭好了叫舅舅来吃饭时,舅舅竟然已经走了。虽然说如此安静的离开是舅舅的福报,但他毕竟走得太突然,让舅妈和表兄弟姐妹难以接受。而我因为新冠肺炎疫情封城在家,也无法回去为舅舅尽孝,只能在家里遥祭舅舅一路走好。

后来我回到家乡,和表哥一起去舅舅的墓地给舅舅烧香、磕头,我在墓前向舅舅诉说当时不能回来的原因,也替妻子、女儿给舅舅磕头，祈愿天国的舅舅安息。

母亲临终前几天，表哥、表姐、表弟一大家子和舅妈天天过来陪护，母亲去世后，又是我的这些表兄弟姐妹帮我一起送走母亲。我从岳阳坐火车回上海，表弟还让他的儿子开车送我到岳阳。

母亲走了，但我们与母亲这边亲人的亲情还在。

外公外婆，姨父姨妈，父母与舅舅，他们已如昨夜星辰消失在遥远的银河。爱是不变的星辰，当父母与他们在永恒的星辰中重逢，是否能轻拂凡尘的岁月，追忆数十载的人世游，诉说那一生因缘？

父亲与母亲的六十年

少来夫妻老来伴。

父亲入土为安的那天下午,家里又归于平静。这时我在房间里休息,刚想在沙发上打个盹,以缓解一夜通宵的疲乏,就听见母亲在堂屋里对着父亲的遗像说:"我们又没怎么吵架,你怎么就撇下我走了呢?你来世托生,要找一个好一点的,不要像我这样总是跟你争争吵吵。"我连忙从房间走出来,看到母亲一脸虔诚。

2021年,父亲和母亲正好相伴满六十周年,我原本还想着张罗纪念一下,但父亲不让,说疫情期间不要办这种没必要的事——其实还是不想花我们的钱。我也没有坚持,还想着六十周年不办就在六十五周年办,没想到天不假年,父亲与母亲这对欢喜冤家的故事,就在六十周年戛然而止。

除了都有一颗善良的心、爱干净和爱孩子外,父亲与母亲在其他方面差不多都是截然相反的。父亲爱动,喜欢到处走走,母亲爱静，喜欢一人在家；父亲愿意与人交往，很容易与人相处，母亲不太愿意与人交往，尤其不喜欢不熟悉的人来家里；父亲比较容易从众，觉得大家都在做的事我们也可以做，母亲常会有一些不一样的想法，觉得大家都在做的事我们未必也要做；父亲性子急，做事麻利，母亲性子慢，活干得仔细，但不快；父亲动手能力强，大家都会做的事他肯定会做，大家不会做的事有些他也能做，母亲动手能力差一点，农村妇女们都能做的一些事情，诸如包粽子等，母亲做不来。在吃饭和吃东西的口味上，两人也不一样：父亲喜欢吃甜食，吃糯米做的食物，母亲不爱吃甜食，对糯米做的食品接受度不高；父亲吃饭喜欢换花样，也会自己动手用面粉或者用糯米粉做各种食物，母亲除了吃米饭，对其他食品兴趣都不大。

因为有相同点，所以他们一路风风雨雨地走过来，生儿育女，将子女抚养成人，又一起在子女的家和老家之间来回奔波，最终一起安享晚年；因为有性格差异，两人在一起时常常吵架，以至于我结婚时对妻子说，父母的吵架给我留下一些心理阴影，我们以后争取不吵架，尤其是不要当着孩子的面吵架，但好像我们也没有完全做到。当然，有心理专家告诉我，说夫妻之间的吵架其实也是一种交流方式，能够起到一种"安全阀"的作用，但吵架要控制度，一是不能动手，二是不能上升到自杀的程度，只要是这种可控的吵架，其实问题都不大。还说好多夫妻表面上客客气气的，也不怎么吵架，但一旦碰到重大利益冲突，马上就分崩离析，这种不吵架的夫妻有时反而关系不紧密。我想父母的吵架应该也属于可控的吵架，父亲确实从来没有动手打过人，也没有一个人因为吵架而走极端。

不过，据母亲回忆，她被爷爷动手打过，父亲也证实了母亲的说法。事情经过是这样的：父母结婚后不久，两人向爷爷提出要分家另过，爷爷不同意，并因此迁怒于母亲，觉得主意是母亲出的。有天，父亲不在家时，爷爷用竹棍打母亲，母亲用手护住身体，结果两条手臂被打得又红又肿。后来，父亲从外面回来，爷爷还要打父亲，父亲见状赶紧往外面跑，爷爷便在后面追，直到被邻居拦下来。母亲手臂上的淤血花了很长时间才治好，说是一个老中医用草药敷好的，不知道这次受伤是否对母亲的动手能力有影响，但另外一个影响已成事实：爷爷最终同意了这对小夫妻分家另过。

清官难断家务事，更何况还是自己的爷爷与父母之间这种陈芝麻烂谷子的事。现在看来，父母当时是为自己的小家庭着想，爷爷是为大家庭着想，希望两个壮劳力还能够帮帮家里，角度不同而已。但不管怎么说，爷爷动手打人，而且打到这样的程度，肯定是不对的。爷爷应该是最后一代传统的封建家长，在他们那代人的观念里面，老子打儿子，包括打儿媳妇，是天经地义的。1949年后，破除了很多封建习俗，但那些根深蒂固的观念只有随着一代人的逝去才会最终消散。当然，现在的农村似乎又走了另一个极端，当长辈没有力气干活了，便会受到晚辈的嫌弃，许多老人因此而自杀。

父母与爷爷奶奶分家后，刚开始还没有条件自己建房，但不久就在外婆和其他一些亲戚的帮助下，在爷爷奶奶的住房附近建起了自己的小窝。在当时的农村，房子不是任何时候想建就建的，建房子的土坯砖一定要秋收以后才能做，不能耽误农活。做砖先要把地晒干，用牛拉着石磙把地弄结实，随后在地上划线，切成一块一块砖的大小，在适当的时候再把这一块一块砖挖出来，然后经历风吹日晒，待建房子时再一块一块地砌上去。建这样的房子还需要木料做房梁，需要竹子做房顶上的挂条，需要稻草做顶，在稻草上还要用竹条固定。当然，泥浆是天然的水泥，但要调和得恰到好处，这样才有黏性，才能起到黏合一块一块土坯砖的作用。而且，在土坯砖风吹日晒的过程中要注意防雨，在房屋建筑过程中也要注意防雨。我后来在西安看五六千年前的半坡氏族社会遗址时，发现当时的房屋就已经与父母好不容易建造起来的房屋差不多，从穷苦人的住房条件看，似乎五六千年来的生存条件也没发生什么太大的变化。

父母后来又搬过一次家，这次房子的建材依然与半坡氏族社会的房子差不多，但面积比以前大了一些，也离爷爷奶奶的住房更近一些，姐姐和我应该都出生在这所房子里。我八岁那年，家乡的潮流是建集体屋，也就是从一个一个零散的村落搬到整齐划一的集体线上。这时父母又被迫搬了一次家，这次父母自己建的房子比以前多了一间房，且三间正屋顶上都是瓦片，只有厨房屋顶还是稻草。大约到我读高中时，我们家的屋顶才全部换成瓦片，家里也开始有了自行车、手表、收音机等现代社会的物品。

能够说明父母性格差异的一件典型事件是给我订娃娃亲。按照家乡的习俗，待孩子慢慢长大后，会给孩子订娃娃亲，也就是所谓"父母之命，媒妁之言"。这个订娃娃亲的事其实很复杂，媒人会先将双方孩子的生辰八字交给算命先生，如果算下来八字相合，那这门亲事就算说成了。此后逢年过节，男方要带着礼品去女方家及女方的伯伯叔叔家走动。当然，女方也会回礼。到了法定的结婚年龄，或者是到了大家认为可以结婚的年龄，这对经父母认可、算命先生确认的婚姻就变成了事实。当然，如果一方家道中落，或者出现其他重大变故，悔婚也是常有的事。中国戏曲以订娃娃亲之后悔婚为主题的有很多，但大部分都有一个有情人终成眷属的结局。

父亲的人缘不错，又长期在生产队担任小干部，再加上只有我一个儿子，好像要给我说娃娃亲的人还不少，似乎订娃娃亲是一个家庭人品与实力的体现。但给我订娃娃亲的事遭到了母亲的强烈反对，基本上是父亲这边答应一个母亲就否定一个，父母应该为这些事也吵过架。从父亲的角度看，大家都在订娃娃亲，给我订一个娃娃亲也无妨，何况我姐姐也有娃娃亲。但母亲不这么认为，母亲觉得我的娃娃亲对象条件都比我们家好，怕长大以后女方悔婚，不愿意来我们家，到时不仅我被人家嫌弃，还会被左邻右舍看不起。母亲的坚持让我的娃娃亲终于没有订成。于是，我失去了一个可能是青梅竹马的故事，也可能是鸡飞狗跳的故事。我考取大学以后，家人在一起闲聊，还说母亲当时决策英明，但幼时的我，似乎也羡慕过那些有娃娃亲对象，且常常在小伙伴面前炫耀自己未来的新娘有多漂亮的同龄人。

在农村，一个家庭既是生活的联合体，也是生产的联合体。

20世纪80年代包产到户后，这种联合体的特征更加明显。选种、泡种、育秧、扯秧这些活，以及犁田、耙田等重活，都是父亲干，插秧、割谷、挑担这些活，则由父母一起干。扎成一捆一捆的稻谷从田边挑到打谷场上，家乡称打谷场为"禾场"。在禾场，要及时用牛拉着石磙，把稻谷碾下来，然后把稻草和稻谷分开。在禾场上晒稻谷，在家门口晒稻草，这些活都需要父母相互配合才能完成。当然，把晒干后的稻谷用麻袋装好，一部分留在家里，一部分交公粮，这些活就是父亲的了。

父亲第二次从上海回到老家后，感叹现在种地比以前轻松多了：首先是育秧有专门的人在做，你只要告诉他需要什么秧苗，需要多少秧苗，何时需要秧苗，别人就会把秧苗送到田边，再也不用自己选种育秧了；其次是犁田、耙田、整田，包括插秧、割谷，也都机械化了，有专门的人在做这方面的生意；最后是再也不用牛拉着石磙碾稻谷了，收割机会自动在田地里把稻草和稻谷分开，而且，稻谷也不用自己晒了，放在机器里烘一烘，就可以装麻袋保存了。唯一还要人工干的活大概就是晒稻草了，但其实现在稻草也不太需要了。以前稻草是个宝，既要给牛吃，烧饭也要用，是家家户户袅袅炊烟的主要燃料；现在干活都用机器，不用牛了，烧饭都用煤，甚至是液化气，不用稻草了。父亲感叹现在的年轻人赶上了好时光。

种地只能解决温饱问题。20世纪80年代，为了增加家庭收入，父亲和几个老伙伴合计，做起了打豆腐的生意，刚开始是四户人家合伙，后来大概有些变化。

家乡是水稻产区，但有一些灌溉水很难到达的田亩，这些地方被称为"旱田"，主要用来种植黄豆、绿豆、棉花、高粱等经济作物。家乡可不像上海这边种黄豆吃的是毛豆——在黄豆尚未完全成熟时摘下来做菜吃，而是等到黄豆完全成熟了才摘下来，晒干以后准备做豆腐用。在不能放开吃肉的年代，豆腐和鸡蛋就是家常菜里的上品，不仅自己家里吃被认为是加餐，就是有客人过来也可以对付一下。有了这两道菜，一般客人也不会说这样的话：到人家家里做客，结果吃的菜和平时自己家里的一模一样。

豆腐的吃法多种多样。磨豆浆产生的废料可以做豆渣，家乡叫"霉豆渣"，一般用来做汤。豆腐既可以吃新鲜的，也可以腌制后晒干——将豆腐挂在灶头上的竹笼里，任由烟火将豆腐熏得金黄甚至发黑，将干干的豆腐拿出来切成块，与别的菜一起炒，这样一盆菜也是物资匮乏年代的美味。

打豆腐的作坊在二舅家里。二舅是我母亲姑妈的二儿子，也是父亲在生产队里最好的朋友。传统的打豆腐真是个力气活，有泡豆、磨豆浆、蒸豆浆、放缸、放石膏、放框架、压模成型等工序，这些工作都是父母、二舅和舅妈，以及几个表哥表嫂一起完成的。

严格说来前面还有一个买黄豆的工作，这项工作主要是由两位表哥完成的。他们用几家合伙人的大米到十多公里外的地方去换黄豆，好像当时黄豆比大米贵，所以要用更多的大米换少一些的黄豆，这种物物交换在当时的农村还是比较普遍的。其实，不仅早期的原料是物物交换得来的，后期卖豆腐也多是通过物物交换的方式。那时农村不富裕，好不容易出个万元户，这个"万元"其实还是把家里养的鸡鸭和猪、门前屋后种的树都折算成金钱后才勉强拼凑出来的。在农村，家里的钱通常是由男主人保管，而买豆腐又常常是女主人的事。父亲和二舅走村串户卖豆腐，基本上都是和女主人打交道。当时一块豆腐大约要一斤米加六分钱，女主人一时拿不出钱来，也可以用鸡蛋换，还可以赊账。尽管乡土社会大家都是低头不见抬头见，而且赊账也是有记录的，但总归会有少量收不上来的钱，这时候也只能自认倒霉了。

磨豆浆是一个相对轻松的活，常常是由母亲和二舅妈等人完成，我们几个孩子也可以在旁边做一些辅助性的工作。接下来的工序就不仅需要力气，也需要技巧了。比方说煮豆浆前要先在锅中加入适量的清水，加入密度比豆浆大的清水可使豆浆浮在水面上，豆浆不接触锅底自然就不容易糊锅。煮豆浆时最好多煮沸几次，这样可以去除豆子的青涩味道。豆浆煮沸时会冒泡，这时先将火调小，稍待一会，让豆浆凉一点后再转大火，这样煮沸两三次以后，做出来的豆腐才香。

父亲他们一般一晚上打三到四块大豆腐，一块大豆腐一般能切成三十到四十小块，父亲和二舅会在第二天的早晨分别用木桶挑着豆腐出去叫卖。打好豆腐常常已经是凌晨甚至更晚一点的时候，而天一亮他们就得起床出去做生意，等到把一担豆腐卖掉后，他们已饥肠辘辘。

母亲一般都是与父亲一起从二舅家回来，偶尔会早一些。第二天早晨，等父亲回来一起吃好早饭后，再一起去干田地里的活。基本上是白天忙农活,晚上忙副业,一天到晚都不得休息。父亲后来说:一方面那时年轻,才四十多岁;另一方面,大家在一起干活时说说笑笑,也不觉得累,日子就这样一天天过去了。

打豆腐的生意并没有实现增加家庭收入的目标,父亲他们后来还一起尝试过做其他生意,但在大家普遍都不富裕的情况下,要依靠农村的消费来提高收入,其实是非常困难的。何况这种小生意门槛不高,做的人也比较多,大家相互竞争只会让利润越来越薄。我后来看乡村经济学之类的书籍,发现早有学者提出"无农不稳,无工不富,无商不活"等观点。看来,农村要富裕,一定要和城市对接起来,农业要和工业对接起来,才能找到出路。父亲他们也用自己的摸索从反面证实了书上的道理。

此后,父亲就一个人做点不固定的小生意,基本上是在农闲的时候。他五月份贩桃子,九月份贩凉薯,十二月份贩麻糖。这些生意都得走村串户,而且是天不亮就要出发去进货,下午卖完后才能回家。母亲会很早起床,给父亲做早饭,按照家乡的说法,糯米做的东西经饿,也就是糯米食品更耐饥的意思。母亲会把糍粑切成块,用油煎熟后让父亲吃,而父亲的下一顿要等到下午回家。中间哪怕很饿,哪怕经过集市,父亲也舍不得花钱吃一点东西,好不容易赚的钱要带回家派别的用场。

母亲在家里也没有闲着,要养猪,要养牛,还要照护家里的鸡鸭鹅,这一切也是家里的经济来源。家里平时的零花钱应该就是鸡蛋、鸭蛋换来的,猪是要等着派大用场的,基本上我高中阶段的学费和生活费,大学阶段的生活费,都是家里的猪换来的。

父亲说我们家养猪有个情况：在我读书期间，一直顺风顺水，基本上每半年就会有一头二百斤左右的猪出栏；在我参加工作，不再需要家里寄钱后，家里养的猪开始出现问题——生病了，兽医也治不好，最后只得把病死猪扔掉；猪不听话，把跑到猪圈里的鸡给吃了，最后只得把买来不久的小猪卖掉，白白浪费时间和精力。按照家乡传统中万物皆有神的说法，看来掌管猪圈的神对我们家的情况真是了如指掌啊！

在姐姐出嫁、我上大学后，父亲与母亲开始了相依为命的生活。当然，家里有这么多亲戚朋友，父母并不孤单，不过任何突发事件发生后，第一时间总归是没有其他人在场的，这大概也是所有空巢老人面临的难题。

父亲第二次中风就是在这种情况下发作的。那是在2017年，凌晨时父亲就已经出现状况，口不能言，手不能动，脚不能动，只能躺在床上发出痛苦的呻吟。母亲见状过来，看到父亲痛苦的样子也束手无策。因为不会打电话，只能等天亮后赶到二婶娘家，让二婶娘给二姑父打电话，等二姑父一家人赶过来时，父亲已经气息奄奄。好在二姑父打了急救电话，救护车反应还算迅速，在跟车过来的医护人员开展紧急施救后，父亲已经有所好转。后来，父亲在医院住了几天，在二姑父、卫忠叔等人的照料下，总算转危为安。

母亲有次摔跤也是这样。那是在父亲第二次中风后的第二年，那天晚上六点多钟，我还在外面与朋友谈事情，突然接到父亲的电话，说母亲现在情况很不好，要我尽快回去一趟。这时正是上下班高峰期，等我耗费一个多小时到家后，母亲正躺在床上疼得龇牙咧嘴。原来，当天晚饭后，父母下楼扔垃圾，母亲正要下台阶时，突然窜出一只狗，把母亲吓了一跳，母亲就这样从两级台阶上直接摔下去，当时就已经不能动弹。父亲见状也急得不知所措，当时能想到的办法就是把母亲拖回家里。按常理来说，父亲当时的身体情况是不可能把母亲拖回家的，已经没有了那份力气。不知父亲哪里来的力道，硬是把母亲拖回了家。我到家马上打急救电话，救护车来了后，我让父亲跟车照顾母亲，我自己则开车过去。后来母亲做了髋关节手术，住院期间主要由姐姐负责照料，回家后是父亲与姐姐一起照料。在母亲还不能下地走路的那两个星期，父亲不敢睡在母亲身边，怕碰到母亲。他搬来茶几，把被子放在茶几上，就这样在茶几上睡了好几个晚上。以父亲一米七三的身高，躺在一米五长的茶几上，我实在不知道父亲那几夜是怎么过来的。

大约2020年，母亲开始出现老年痴呆的症状。刚开始是忘了手头上做的事情，比方说忘了关水龙头，忘了自己的衣服放在什么地方，再后来是不知道时间，不知道什么时候该吃饭，不知道什么季节穿什么衣服。忘掉这些也就算了，问题是母亲会认为是父亲把她的东西藏起来了，常常会责怪父亲。父亲多数时候会一笑了之，但有时候也会觉得受到冤屈，与母亲吵架。毕竟，父亲也是发作过几次中风留下了身体后遗症的病人，而且中风的后遗症包括多疑、易怒，两个人的疾病给他们原本安静的晚年生活带来一些小小的困扰。

我与姐姐商量，是否还是让父母回老家。一方面，老家的人和事母亲更熟悉,大家一起说说笑笑会让母亲精神上更放松;另一方面,回老家后母亲可以养鸡养鸭,有点事情做做,比现在待在房间里无事可做要好。我们把想法与父亲交流,父亲也同意,还说从来没有坐过飞机,想坐飞机回去。但考虑到疫情,父母最终没有坐飞机回老家,这也是我现在想来对不起父亲的地方。这次是父母第三次回老家了。

其实,父亲已经差不多适应他所在小区的生活了。父亲有小区的"朋友圈",大家一起散步、聊天、晒太阳,这些人有的是我们湖北老乡,有的是本地的退休爷叔和阿姨,还有一些是从江苏、浙江甚至黑龙江过来与子女团聚的老人。父亲不会说普通话,但我们老家的语言应该也属于北方语系,所以大家在一起也能交流。父亲在上海的生活十分有规律,每天下楼买点菜,一天三顿不复杂,吃好晚饭看看电视,还时不时与我交流电视中看到的国外和国内的疫情情况。事实上,上海的气候与我们老家相比,夏天更凉快,冬天更暖和,父亲很能适应这种相对来说冬暖夏凉的气候,家里的空调几乎不用。父亲说我们的窗户就是空调:夏天把窗户打开,加上电风扇,已经比较凉快;冬天关着窗户,有热水袋和脚垫,也不会太冷。为了陪伴患病的母亲,父亲毅然决定回到老家,期冀老家熟悉的环境能改善母亲的情况。

我想着让父母回老家,也是不想让父亲太累,如果母亲能够给父亲搭搭手,父亲就不用经常拖地板、擦灶台,也能多休息休息。大概天下父母都是这样,子女的房子住着,但他们还是会把自己当作客人,只有住在自己的老房子里他们才算是主人。而天下的子女会把父母的房子当作自己的房子,无论离开这个房子多么久远，都觉得回到父母的房子就是回到了家。父亲在上海的时候，总想着不能把房子弄脏，总想着要帮我们节约，我每周去看父母都发现地板和窗户非常干净，甚至连脱排油烟机都擦得很干净。我想着父亲回到老家后不用再这样擦擦洗洗，可以省点力气。

可惜母亲的身体状况在回到老家后并没有改善，父亲也没有因为在自己的家而减少擦擦洗洗，甚至比在上海时还要累，这些确实是我们没有想到的。

母亲回到老家后，最初出现的问题是不愿意在淋浴房洗澡。可能是母亲在上海用四面封闭的淋浴房习惯了，家里的淋浴房与马桶没有隔开，洗澡时会把水溅到马桶上，而母亲又是特别爱干净的人，总觉得这样会把马桶外面弄脏。

父亲把情况告诉我们后，我和姐姐都打电话告诉母亲，说马桶这边的水擦一擦就好了，不要太介意。但母亲依然不同意，于是父亲只能把水放在大的塑料盆里，让母亲洗澡。我们问是否可以让母亲搭搭手一起抬水盆，父亲说，"万一母亲因此摔一跤，那又是天大的事"。父亲第三次中风后左手不灵便，我实在想象不出父亲靠一只手的力量是怎样把一大盆水端进端出的。

洗澡的问题还没解决，新的问题又出现了。母亲在上海时一直叫肚子疼，我也带母亲去医院查过，查出有慢性胃炎、肾囊肿等毛病，医生认定是肠紊乱，也配过一些药，但似乎没有什么明显效果。为了解决母亲的疼痛问题，我在咨询医生后，给母亲配了一些止疼药，母亲吃了止疼药后似乎觉得好一些。可回到老家后，母亲依然时时叫肚子疼，父亲用老办法给母亲吃止疼片，但母亲吃过后依然叫疼，还埋怨父亲，说"肚子疼得这么厉害，也不带着去医院检查一下"。

父亲的身体状况不可能带母亲去医院检查，他电话告诉我后，我联系了表哥，请表哥带母亲去医院。表哥第二天就请假陪母亲去医院做了检查，医生说还是那些毛病，于是表哥帮忙配好药后便送母亲回家。

父亲按照医嘱让母亲服药，但母亲吃药之后依然叫疼，还说"这个医生没水平，明明有病却查不出来"。后来，父亲发现母亲不是每天下午都叫疼，有时候有人在家里聊天，或者她到亲戚家里去，就不说肚子疼，父亲怀疑母亲的"肚子疼"是精神方面的毛病。

父亲把他的发现与我们交流后，我们也觉得父亲说得有道理，我甚至有些恍然大悟，觉得母亲几年前可能就已经是这样。于是，每次母亲叫肚子疼，父亲便会想个办法哄哄母亲，比如给母亲点剩饭让她去喂小鸡，或者是带母亲到菜园里去拔点青菜，母亲居然也就好了。

时间很快就到了冬天，母亲这边又出现了新状况。在上海时，母亲穿衣服就是父亲打理的，回乡后也是父亲帮母亲穿衣服，他给母亲准备漱口洗脸的水，再准备早餐。可有一次，父亲把早餐准备好后，发现母亲把穿好的衣服换掉了，而且换的是夏天的衣服，后来有时甚至会把上衣当作裤子穿。父亲只得再帮母亲把衣服换下来，一边换一边还要忍受母亲的责怪。

父亲最痛苦的记忆还是那次大便失禁且水漫金山事件。母亲在我们这边时偶尔便秘，我会给母亲配一些通便的药，母亲吃后也有效果。回老家后，卫生室就在门口，父亲也会给母亲配一些通便的药。那次大概母亲吃药之后来不及去卫生间，于是稀里哗啦弄到床上和身上，父亲一个人弄不过来，打电话请二婶娘来帮忙。然而，父亲和二婶娘刚刚帮母亲把衣服换下来，把身体擦干净，把床上的东西换下来，就发现卫生间里都是水。原来母亲把下水口堵住了，水龙头却没有关。父亲又请二婶娘把卫生间里的水拖干净，自己再去准备饭食。

说父亲比在上海时还要累，除了因为母亲状况频发，还因为父亲自己爱干净、不愿麻烦别人，而这些事情让父亲白天几乎没有休息的时间。

想着可以让母亲养养鸡，有点事情做，父亲回家之后就在二姑父的帮助下买了十几只小鸡，又为小鸡做了鸡笼。为了保持鸡笼干净，父亲在鸡笼底层铺了一层塑料垫，每天早晨鸡出笼后，父亲会把塑料垫抽出来洗干净，待晚上鸡入笼前再放进去，这样鸡笼就没有一点味道。每天仅鸡笼塑料垫的洗洗弄弄，就要花掉父亲不少时间，毕竟他年事已高，左手左脚又不灵便。

父母回老家后，二姑妈和三姑妈告诉父亲，不要再弄菜园了，她们两家的蔬菜拿过来吃就行了。确实，仅二姑妈和三姑妈拿过来的菜父亲和母亲就吃不完了，更不要说还有其他一些亲戚朋友拿过来的菜。可父亲总觉得自己还是要种点菜，不能总是麻烦亲戚朋友，二姑妈和三姑妈拗不过父亲，就帮助父亲把菜园又弄起来了，这样父亲又要花一些时间在菜园里。

我国庆节回家时，发现父亲比在上海时还要疲惫，就对父亲说："不要种菜了，也不要养鸡了。"父亲说："弄到年底，明年就不弄了。"我想着很快就到年底了，也就没有再督促父亲。

母亲的健康不断出现新状况后，我和姐姐商量，是否为父母找一个人在家里帮忙做饭做菜，向军弟也帮我们一起谋划此事。我把想法跟父亲交流时，父亲坚决不干，说"只要他还能做得动，就不要找人过来"，我们也没有强求。

父亲走后，我和姐姐陪母亲在宾馆住了两个晚上。按照老家的习俗，老人在家里走掉后，如果亲人要住在家里，则至少要住七天才能离开。我们只准备在家里待两天，待父亲"头七"后就回上海。于是，我们晚上住在宾馆，白天再回到老家。为父亲办丧事期间的大部分时间，母亲都是清醒的，在成义弟接我们回家的车上，母亲对我们说，要是父亲醒过来，又能说话就好了。是啊，"梧桐半死清霜后，头白鸳鸯失伴飞"，虽然母亲因为老年痴呆少了些许理智，但她何尝不是期盼着那个相伴了六十年的人能与她继续共度此生！

父亲最放心不下的就是母亲。父亲还在上海的时候，他叮嘱我，他这个毛病，说不定哪天一下子就走了，如果走在母亲前面，让我们把母亲送到养老院。现在，母亲已经和父亲在一起了，想必父亲已经把那边的家收拾停当，又开始照料母亲了吧！

二

父亲对我少时的呵护，让我有足够的安全感，也让我愿意相信别人；父亲对我青春期的尊重，让我有足够的自信，哪怕我一无所有也依然坚信还能东山再起；父亲对我成年后全心全意的支持，让我有时间和精力来做自己想做的事，活成自己心中的模样。

我们的原生家庭

山海自有归期，风雨自有相逢。

假如冥冥之中有一场注定的相逢，那一定是父母与我们这五十多年的缘分。

父亲和母亲一起生育了三个子女，大姐、二姐和我，大姐在三岁时不幸夭折，让父母悲痛欲绝。

关于夭折的大姐，父亲从不曾对我说过什么，倒是多年以后母亲告诉我，大姐长相可爱，性情乖巧，小小年纪就能帮助父母做些事情。二姐出生后，大姐不仅能在父母外出时照看二姐，还能在雪地里踩着大人的脚印出去扔垃圾。但一场被误诊的脑膜炎夺走了大姐幼小的生命，假如大姐当时生活在城市，或者当时农村的医疗条件能够稍好一些，这个可爱的小生命应该有生还的机会。

也许是受到大姐不幸夭折的影响，父亲把我和二姐都当作宝贝。如果说母亲还有一些重男轻女的思想，父亲则从来没有这方面的想法，只是尽他所能为子女成长提供最好的条件。尽管在外人看来，这种"尽他所能"显得有些宠溺过度，但如山的父爱就是这样肆无忌惮地为子女提供安全成长的港湾。

父亲去世后，堂弟新颜从苏州赶回来，帮我们一起料理后事，我俩还回忆起五六岁时的一件事。那时我们一起参加一场喜宴，我们那儿喜得贵子后有"送祝米"的习俗：孩子出生后，男主人要在第一时间去外婆家报喜，外婆家会确定一个日期，一般是孩子出生后的第三、六、九或者第十二天，带上红糖、鸡蛋、老母鸡等产妇吃的东西，以及新生儿穿的衣物，来举行一场被称为"送祝米"的活动。这天，男主人要请厨师安排宴席，男主人的亲朋好友也会一起来贺喜，在所有的客人中，最尊贵的客人就是外公外婆，必须坐在桌子的上席。那天我俩也不知哪根神经搭错了，反正去了后就一屁股坐在上席，任凭大人怎么说也不肯下来。眼看喜宴就要开始，而最尊贵的客人尚未落座，一群大人决定动用武力"拆迁"。这时，父亲过来了。按常理，应该由父亲把我揍一顿，以显示他对客人的尊重，对规矩的重视，以及家教的严格，但父亲没有打我，而是好言好语地哄我俩下来。最尊贵的客人外婆发话了，说"这俩孩子一看就聪明伶俐，长大了一定会有出息，就让他们坐吧，以后说不定小宝宝还会沾两个小哥哥的光呢"。外婆的话让我们两个不更事的小东西省去了皮肉之苦，也保全了父亲的脸面。

尽管我们长大后也未曾有什么出息，但父亲和其他长辈们提供的庇护却让我们的心灵能够自由成长，未曾受到暴风雨的侵害。

那时候还是人民公社时期,父母都在生产队干活,每天像工人上班一样早出晚归。父亲因为是生产队的小干部,很多时候吃完晚饭还要出去开会。但无论怎么忙,父母回家后的第一件事都是先把我们身上洗干净:夏天是父亲帮我们洗澡,冬天是父亲帮我们洗脚,母亲则忙着做饭。父亲要把我们打理得干干净净,让我们吃饱喝足后,他才能放心出去。

农村当时没有幼儿园,我们都是在大自然的怀抱"野"够之后上的小学,用家乡的话说就是"发蒙"。我六岁那年,父亲带我去见了老师,也许是老师的威严让我有些畏惧,也许是学校的规矩让我这个野惯了的人很不适应,反正我上学第二天就不想去了。父亲怎么说都无济于事,只得让我在家休息。可能是其他小伙伴都去上学了,我一人在家也很无聊,正好有天父亲托人给我买的书包也到了,是那种当时流行的草绿色挎包,我对这个书包爱不释手,从此爱屋及乌,收包后的第三天就高高兴兴地上学去了。

我一二年级是在家附近的农户家里上的。那时候村小学条件有限,不能容纳全部的小学生,只能让三年级以上的孩子在小学的教室上课,一二年级在本生产队条件稍好人家的堂屋上课。我三年级到村小学上学后,要经过几个沟沟坎坎的地方,这些地方没有台阶,晴天走路问题不大,雨天路滑,很容易摔跤。父亲就用铁锹在这几个地方一级一级地挖出来台阶,在上面铺上草和树枝,这样我们雨天走路就不至于发生危险。

父母在生活上对我们宠爱有加，在培育我们的个人品行上则要求极严，不让我们有任何不良行为。

记得那是小学阶段的一个暑假，早晨我起来后去湖边钓鱼，看到有几个陌生人在那里用竹席搭窝棚，还有一大群鸭子在湖边叽叽喳喳。他们见我过来，问我这里是什么县什么公社什么大队，附近是否也有鸭群。我告诉了他们这里的情况，他们也介绍自己说是湖南那边生产队的养鸭人，靠养鸭在生产队挣工分，随着鸭群流浪四方。养鸭人说他们会在这里安营扎寨住上几天，为感谢我给他们提供的信息，送了我几只鸭蛋，还说想吃鸭蛋可以到他们这里来拿。

我高高兴兴地拿上鸭蛋回家，还在盘算着早晨就可以吃到美味的鸭蛋炒韭菜时，父亲回来了。父亲问我手上的鸭蛋是怎么回事，我说是养鸭人送我的，父亲不太相信，怕我是从养鸭人那里偷来的，拉着我来找养鸭人。直到养鸭人说明情况，父亲才放心收下，但回家之后就让我拿了好几个鸡蛋给养鸭人送过去。

初中时我们有同学在上课时赌博，老师在上面讲，几个同学在下面搞小动作，用硬币猜正反来决定输赢。那时大家都没什么钱，玩两次就把手上的一点零花钱全输掉了。输钱之后想把钱再赚回来，但手上没有本钱没法再玩，这时候便有同学想到了偷猫。在农村，猫是家家户户必养的动物，农村家庭的猫不像城市社会的猫是宠物，农村家庭的猫甚至可以说是生产工具，就像牛要负责耕地耙地一样，猫要负责防范老鼠偷吃谷仓或者麻袋里的粮食。据说那段时间有人专门收购猫，要运到广东去，大约一只猫的收购价为五元。有了钱不但可以继续玩，说不定还可以把输掉的钱赚回来，于是，我们班上一帮人一天到晚都在交流哪里有猫、怎么逮猫、如何卖猫。

我把班上的情况与父亲说了。父亲严厉地告诉我，老家的说法是"一只猫儿九条命，养儿养女还不尽"，就是说猫的命比人的命还金贵，绝对不能做这种伤天害理的事。我按照父亲的要求，既没有参与赌博，也没有参与关于猫的讨论，后来听说我们班上确实有同学采取了行动，但也因此被养猫人家打了。

姐姐是初中时主动辍学的，父母劝阻过，但没有强求。姐姐到庄家铺中学读了初中一年级，之后由于同龄女孩纷纷退学，姐姐也不想上学了。姐姐读书时成绩尚可，大概老师觉得她不读书很可惜，还亲自上门到我们家来做过工作。这样姐姐又到村小学附设的初中班去读了半年，半年之后再无同龄女孩在读书，姐姐说什么也不愿意继续读书了，父母就让姐姐在家里帮忙干活。

庄家铺中学离我们家有近十里地，虽然有公路直达，不再是沟沟坎坎的路，但走路上学还是要花很长时间。我在庄家铺中学读书时，有一天下大雪，我没有带伞，穿的还是棉鞋，正在犹豫该怎么回家时，父亲来接我了。父亲帮我带了雨伞和雨靴，陪着我一路走回家，记得那天我给父亲说学校的人和事，父亲满心欢喜地听着，时不时帮我把雨伞扶扶正。平时我要走好长时间的路，这天却感觉一会儿就到了，看来精神的作用确实不可小瞧。

初中阶段还有一件事让我至今记忆犹新。那时我在袁老师的帮助下转到红卫中学读书，初三下学期开学，父亲说要送我去上学，但父亲当时还不会骑自行车，我们家也没有自行车。我正纳闷父亲准备怎么送我，父亲说我们可以走水路，他驾船送我，还说这条水路就是他们以前交公粮的路，他闭上眼睛都知道有几个湖湾，可以把我送到最近的湖湾，到那上岸后再走一段路，比我自己从家里走到学校要近许多。

  我有些犹豫。我出生后父亲曾把我的生辰八字交给算命先生，算命先生说我命中缺木，说缺木的人在水中浮不起来，要我离水远一点，给我取小名"木中"，意图用名字中含木来弥补命中的缺陷。小时候父亲多次告诫我不要玩水，我也因此比小伙伴少了一些游泳的本领，甚至对一望无际的水有些恐惧。此外，父亲送好我后还要一个人驾船回家，我有些不放心。但父亲很坚持，说这样驾船对他来说是常事，我们稍微早一点出发，他还可以在天黑前回家。于是我带着行李，跟着父亲来到湖边。父亲把船桨架好，我们就这样出发了。

  正月里的上津湖，少有船只来往，湖水清幽，是深不可测的碧绿，让人看了之后不禁要打几个寒战。父亲告诉我，上津湖最宽的地方有近十里，最深的地方有十米多，父亲一路不停地跟我说话，讲他们驾船交公粮的故事，讲他们从湖中打水草的故事，讲他们小时候在湖里抓鱼的故事。我一边应着父亲，一边裹紧衣服。

  那天上岸时我脚有点冻麻了，但似乎一下子长大了——父亲为我做了这么多，我一定要好好努力，争取考上大学，让父母过上好日子。现在想来，父亲送我来回应该要四个小时左右，来的时候好歹还有我一起说说话，回去的时候迎着晚风，父亲独自在幽静得可怕的湖面划行近两小时，不知需要多大的动力和毅力！

姐姐在家里已经成为父亲的主要帮手，她与父亲一样，也是亲戚之间相互交换劳动力的重要角色。在动手能力上，姐姐像父亲，事情做得又快又好，我像母亲，做事情慢吞吞。当姐姐到了谈婚论嫁的年纪，除了像所有的父亲一样对自己的女儿有不舍之外，父亲还有一层对最像自己的孩子的不舍之情。

姐姐出嫁那天，按照家乡的习俗，由二叔、三叔和我及其他几位亲人组成送亲团，与姐姐一起到婆家，我们要到第二天吃完午饭再回来。姐姐出发称为"发亲"，"发亲"之前有个仪式，要与父母告别。眼看姐姐发亲在即，父亲却不见了，叔叔让我去找父亲。我怀疑父亲到爷爷奶奶那边去了，就往爷爷奶奶那边走，走过二舅家旁边的巷口，便看见父亲站在我们房屋后面的田埂上，我走过去，准备请父亲回家。等我走近父亲后，才发现父亲是躲在这里哭泣，父亲见我过来，应该是想极力止住眼泪，但在准备开口的一刹那却又泪如雨下。我扶着父亲往家走，想安慰父亲，却又找不到合适的话，就这样一路到家。到家后见了姐姐，父亲刚说了句"到婆家后要听大人的话"，又哽咽得再说不出话来。

姐姐出嫁后，家里但凡有点好吃的东西，父母都会想着给姐姐和姐夫留一份，等姐姐他们回家时再吃，或者等我放假回家给姐姐送过去。在我高三复读的那个寒假，我教会了父亲骑自行车，从此父亲去看姐姐更加方便。

我的父母虽然对子女有期待，但不会以家长的身份要求子女做什么或者不做什么，他们会充分尊重子女的选择，并按照子女的选择默默地做好自己认为应该做好的事情。

我初中毕业考上重点中学，高一阶段成绩尚可，文理分科后，我的优势突出一些，高二下学期期末考试，我和第一名只相差三分，而第三名印象中与我相差十几分。班主任老师对我的期望值很高，说我应该能考上一所大学，而且给我的定位是复旦大学。高三时有不少复读生插班进来，我的成绩在前十五名左右，这时候班主任老师对我的定位有些降低，但依然认为我可以考上一所重点大学。

然而，高考考完后我就感觉不妙，估分时我也估得比较低，大约是能考上中专或者大专的水平。我们那时估分是在高考结束后，学校把每门考试的试卷原题发给每个人，由任课老师讲答案或者是得分要点，我们根据自己的记忆估分。我的估分结果出来后，班主任老师大吃一惊，说我太保守，以我的实力肯定不止这个分数。我相信自己的记忆，按照最保守的分数填好了志愿，然后闷闷不乐地回家。

高考结果比我估计的还要差，我比最低录取线还要低十分。拿到分数的那一刻，我真的很崩溃，自己也搞不清楚怎么会考成这样。班主任老师安慰我，建议我再复读一年，认为我这次虽然没考好，但实力还在，复读一年应该有机会，考上大学只是时间问题。我谢过了班主任老师，想着怎么回家向父母报告高考成绩。

我一边回家一边想，终于想出了一个我自己认为的好主意。回家后我告诉父母，这次高考没考取，但不是我成绩不好，而是我运气不好。我想找一所学校去做代课老师，一边教书一边准备复读，争取第二年考上大学。父亲让我不要想得太多，说跌倒了还可以再爬起来。

我开始了找学校的行动。高三时我的同桌就是一位复读生,这次他也没考好,我曾听他说有一些同学已经大学毕业在学校当老师,想看看能否通过他了解一些信息。当时的荆州师范专科学校学制只有两年,应届高三的同学,如果第三次复读,可能就会遇到曾是同学的老师,这种亦师亦友的情况在我们那时并不少见。

那位同学家离我家很远,去他家要过两次河,骑自行车需要四个小时左右的时间。幸运的是我顺利找到了同学的家,同学正好也在家。同学提供的信息让我欣喜万分,他说他的老同学就在附近一所普通高中担任老师,他们学校就需要英语代课老师,建议我与他下午一起去学校试试。

那所学校距离同学家不远,我们很快就到了学校,同学的同学和学校校长都在,于是我们直接与校长沟通。校长问了我的情况,我报告了我的想法,校长也很支持,说欢迎我来任教,他表示,以我的成绩在他们这里参加明年的高考,如果考取大学,也能改变他们学校每年高考剃光头的情况,实现从无到有的突破。我们约定开学前再来一次,校长甚至都已经带我去看了未来的宿舍。

回家后我把情况跟父母说了,父亲见我心想事成,也很开心,说我这段时间一直闷闷不乐,没吃什么东西,与母亲一起张罗着要买些好东西来给我吃。

还有很多师长一直关注着我的情况,其中有华阳大爷,有袁老师，还有袁老师的夫人夏老师。我把高考后的打算向他们报告后，他们都觉得我的想法有点不切实际。彼时，华阳大爷在村小学担任校长，袁老师和夏老师都在初中担任老师，袁老师应该已经是所在学校的教导主任，他们都说相信我的实力，但一旦开始工作，便会有很多事情冒出来，而每个人的时间都是有限的，我在有限的时间里一边要教书，一边还要复习，他们认为前景并不乐观。虽然我还在坚持，但也不像刚开始那样信心满满，开始怀疑自己的选择。

我还是按照约定在开学前去了校长的办公室，甚至父亲还为我准备了一包在当时看来很贵的烟，说"既然要走向社会，就要学会社会上的待人接物"。我给校长递了烟，校长告诉我都已经安排好，让我教高一英语，带两个班，每周加上早自修有二十多节课。我把疑虑实话实说，校长也表示理解，让我再考虑，并祝愿我来年高考金榜题名。

在回家的路上，我碰到了另外几个高中同学，他们都是准备回母校复读的。他们劝我不要犹犹豫豫了，一心一意回母校复读，说明年一定能考上好的大学。就这样，我随他们一起回到母校，做好了复读的准备，同时，我请同学回去时告知校长我的选择。

回到家我把情况与父母说了，父亲说他从华阳大爷、袁老师等人劝我的情况就已经知道复读是我最好的选择，但我当时正在兴头上，他也不想泼我的冷水。现在我决定复读，也正是他所希望的。

我们在高考后都有一种如释重负的感觉，不管是考取的还是没考取的，反正一帮人成天粘在一起，今天是你去我家，明天是我去你家，大家来来往往走动频繁。确实就像我们毕业纪念册上所写的那样："请君试问东流水，别意与之谁短长。"我去同学家，父母从不干涉，同学来我家，父母张罗着买菜，还买来饮料招待。当然，我们一帮同学的家长都是这样，记得当时我们有位同学家里开了家小餐馆，我们今天去找他是在餐馆里吃饭，明天去找他还是在餐馆里吃饭，就好像这个餐馆是专门为一帮同学免费吃饭开的一样。

第二年我以县文科状元的成绩考上武汉大学，当我把录取通知书递给父亲时，父亲将手在裤子上用力地擦了擦，这才接过我的录取通知书。那一刻，我百感交集，父亲也热泪盈眶。多年以后，我与朋友交流，认为从农村走出来的读书人，其实是大家庭的支持、师长的点拨和个人努力三方面合力的结果。这个大家庭，不仅指自己的原生家庭，而且指爷爷奶奶和外公外婆共同构成的大家庭。我想，没有我们整个大家庭的支持，没有华阳大爷、袁老师、夏老师等人在关键时候的点拨，没有母校一中所有班主任和任课老师的诲人不倦，我一定不会取得这样的成绩。当然，如果父母在我第一年高考后强令我去复读，我说不定也会反抗，选择去那所学校教书。父母对我的尊重与支持让我的人生在关键阶段有了一些转机。

我曾与一位同济大学博士毕业的教授一起交流，教授提出的高考理论让我耳目一新。教授说能够考到重点高中的人智力都不低，除了那些特别优秀的，大多数人其实只是完全掌握了所教知识的三分之一，部分掌握了三分之一，还有三分之一基本没掌握。教授说自己第一年高考没考取，应该题目正好是他没掌握的那三分之一；第二年考取了一所中专学校，他没去，应该题目正好是他部分掌握的那三分之一；第三年考取了一所比较好的大学，应该题目正好是他完全掌握的那三分之一。也许我与教授的情况一样，第一年正好碰到了我基本没掌握的那三分之一。只是我运气比教授好，第二年就碰到了我完全掌握的那三分之一。

　　姐姐婚后一年生了个男孩，按照当时的计划生育政策，农村头胎生男孩的，不能再生小孩，如果头胎是女孩，五年之后还可以再生一个。姐姐和姐夫商量，还想再生一个，为我的大外甥增添一个"小帮手"。两年以后，第二个宝宝出生了，也是个男孩。按照当时的政策，要罚款一千五百元，姐姐和姐夫交不出这么多钱，于是姐姐陪嫁的电风扇、音响等值钱的东西都被罚走了。父母支持姐姐他们的选择，说被罚走的东西还可以再买。

　　说到计划生育政策，确实是在人口最多的国家实行的最难执行的政策，也是给乡土社会带来颠覆性变化的政策。乡土社会讲究多子多福，讲究不孝有三无后为大，但这一切传统观念在计划生育政策面前都被推倒了。乡土社会的基础是熟人社会，熟人社会的核心是血缘和亲缘关系，而血缘和亲缘关系的存在是以庞大的家族网络为基础的。在这个网络之中，大家相互帮助、相互支撑；在这个网络之外，大家团结一致，枪口对外。计划生育政策带来的小家庭，让一个一个庞大的家族网络瓦解，也让熟人社失去了基础。当乡土社会由熟人社会向陌生人社会转型，当一批一批的农村人离开熟人社会转向城市的陌生人社会，如何建立一套与陌生人社会相适应的道德与法律规范，如何让转型中的人们适应这套道德与法律规范，确实是一项涉及子孙后代的大事。

我的两个外甥出生后，主要是由他们的爷爷奶奶和几个阿姨照看，我的父母也会给姐姐搭搭手。每当我寒暑假回家时，父母会让我把大外甥接到我们家，由我来照看他，顺便教点知识。我那时没有耐心教小朋友，加上彼时大外甥还小，也确实教不了什么。但我还记得带着大外甥一起钓鱼的事，我会用荷叶做成古时候的官帽给他戴，尽管戴上去有些热，但也可以遮遮太阳，大外甥乐此不疲地戴着这个所谓的官帽到处炫耀。当然，我这个用荷叶做官帽的技艺也是我那心灵手巧的二叔教的。

二十多年前，姐夫到上海这边来做生意，随后姐姐也一起过来了，两个外甥则留在老家上学。先是四姑妈帮助照看两个外甥，父母从上海回乡后，每逢寒暑假他们就从学校去我父母那。父母看着两个调皮捣蛋的小家伙逐渐长成斯文有礼的帅小伙，也满心欢喜，像支持我读书一样支持两个外甥的学业，并为他们提供力所能及的生活保障。两个外甥后来都接受了高等教育，其中大外甥还是研究生毕业。后来两个外甥工作、结婚，小外甥又生下一个调皮的小宝贝，这些都是令父母无比开心的事情。

我成家后也把父母接到上海帮我们照顾孩子，我的女儿是在外公外婆和爷爷奶奶爱的怀抱中长大的，用我女儿的话说就是上面四个老的，中间两个中的，下面一个小的。女儿小时候大概还画过画，表达这种爱。女儿上小学后，父母说不能住在这里闲吃闲喝，执意要回老家。十年之后，父亲因为思念孙女心切，还专程回过上海。

父亲会记住兄弟姐妹和晚辈的生日，并适时地送上他的生日祝福。就晚辈而言，不仅是我和姐姐的生日，我的堂兄弟姐妹的生日他也会记着；不仅是血亲的生日，我妻子的生日、姐夫的生日他也记着；不仅是我们这一辈，我女儿的生日、两个外甥的生日、两个外甥媳妇的生日，还有小重孙的生日他也记着。父亲告诉我，两个外甥媳妇与我女儿的生日正好是三天连着的，所以每年的这三天父亲特别忙。

小时候过生日，生日是一碗糖水鸡蛋；长大了过生日，生日是一些小小的惊喜，除了糖水鸡蛋，父亲还会送一些我们期盼的小礼物；工作以后过生日，生日是一通长长的电话，父亲会在电话中给予我们满满的祝福。

我小时候过的是农历生日，研究生阶段看到一本万年历，知道了自己的阳历生日。因为我出生那年有闰月，所以认为阳历生日更加准确一些，后来我自己就一直过阳历生日。时间一长，我都快把自己的农历生日忘了，但父亲一直记着的是我的农历生日，为了生日的事我还跟父亲闹过一次误会。

那天上午我正在开会，突然接到父亲的电话。我想前两天才与父亲联系过，应该不会有什么急事，于是我挂了电话，继续开会。可不到一分钟，电话又响了，我看是父亲的电话，便又把电话挂了。但很快父亲又打了过来，我接起电话，对父亲说了句

"我在开会"后就把电话挂了。会议结束后,我再给父亲打过去,父亲可能忙菜园的事情去了,没接到。晚上我再打过去,父亲接了,我问父亲是否有什么急事,父亲说:"没什么事,今天是你的生日,给你打个电话祝贺一下。"这时母亲在旁边说:"父亲兴冲冲地给你打电话庆祝生日,但你一次一次挂断,弄得父亲很沮丧。"我这才想起这天是我的农历生日,于是我赶快给父亲赔礼道歉,父亲也很快恢复过来,像往常一样说了一长串的祝福。此后父亲怕打扰我工作,会在我农历生日前一天晚上给我打电话,或者是到当天晚上再打电话,给其他晚辈的生日电话也是这样。

父亲走后的第一个春节,也是姐姐的生日,我们再也听不到父亲那长长的祝福。当天晚上,姐姐说梦到了父亲,父亲穿着他走时的衣服,神情抑郁地看着她。姐姐说:"自从父亲走后,她从未梦见过他,偏偏就在生日这天梦到,大概这就是所谓的心灵感应吧。"

其实,父亲走后,我也与父亲有过两次心灵感应。

第一次在我办完丧事回来的第二天晚上。这天晚上七点半左右,我正在洗碗,突然感觉全身发冷。我以为是衣服穿少了,又加了一件背心。按常理来说,家里开着空调,我们又是用热水洗碗,应该不会这么冷。但背心加上去后,我依然觉得冷,等我洗完碗,已经冷得有点打哆嗦了。妻子见状,赶快给我充好热水袋,问我是否要去医院。我感觉不是身体出了状况,应该是父亲在用他的方式问候我,因为平时这个时候我都会给父亲打电话,他一定还记得我们之间的约定。我抱着热水袋缩在床上,一会儿就恢复过来了，第二天身体也一切如常。

第二次是父亲去世满"五七"前的晚上。按照家乡习俗，满"五七"这天，我们要举行仪式，为父亲烧纸钱，还要叫饭，据说这是父亲的亡灵最后一次回家。因为疫情，也因为工作，我和姐姐都没有回家，是二姑父帮我们操办了这些事宜，我也给二姑父打过电话商量。"五七"前的那天晚上，我梦见了父亲，好像是父亲在盼着我回家，然后是我开车回家，父亲穿着夏天的装束，从老房子那边走了五百多米来迎我。我看到父亲，赶快把窗户打开，叫了一声，然后我就醒了。第二天我把这个梦说给二姑父听，二姑父说可能是父亲在盼着我回来，他会在父亲遗像前，也会在父亲墓前帮我说一声。

说来也巧，表嫂说她在父亲满"五七"那个晚上也梦见了父亲，说梦中父亲对她横眉冷对，她想是不是那天她和表哥把父亲的棉被拿给母亲了，父亲在责怪她。事情是这样的：母亲进养老院后，表哥表嫂常去探视，护工阿姨说快过年了，是否拿一件被套过来换一下，把母亲用了一个多月的被套洗一洗。表哥表嫂到我们家去找被套，但没找着，想着父亲的被子也是洗过的，还很干净，就把父亲的被子拿过来了，没想到做了这样的梦。后来姐姐又请三姑妈把父亲的被子洗好了放回父亲床上，父亲泉下有知，应该不会责怪表嫂了吧。

母亲去世满"五七"前后，我也在梦中见到了她。母亲穿着夏天的衣服，说"口渴，想吃西瓜"，我说，"我马上去买"，不料后来就醒了。醒来后我有些懊恼，难得梦见母亲，却没有在梦中买好西瓜让母亲吃，但后来我又想到，母亲生前肠胃功能紊乱，吃西瓜容易拉肚子，所以后来西瓜确实吃得不多，或许母亲是在用这种方式告诉我，天堂里的她老人家已经没有病痛了吧。

"生者为过客，死者为归人。天地一逆旅，同悲万古尘。"父母和我们在滚滚红尘的颠沛流离中相遇，曾经的曾经，父母给了我们无穷的爱，未来的未来，天涯踏尽红尘之际，我们与父母同行，依然一笑，知是故人来。

父亲与我

知子莫若父。

从我开始记事,我就知道,父亲对子女的爱,对我的爱,是我的小伙伴们未曾享受到的。爷爷曾说父亲对我是"衔在嘴里怕化,放在手上怕飞",说父亲愿意为我从天上摘来星星。确实,父亲对我少时的呵护,让我有足够的安全感,也让我愿意相信别人;父亲对我青春期的尊重,让我有足够的自信,哪怕我一无所有也依然坚信还能东山再起;父亲对我成年后全心全意的支持,让我有时间和精力来做自己想做的事,活成自己心中的模样。常说父爱如山,但如山的父爱并没有让我感到压迫,我与父亲一直是在平等地交流,父亲从来没有以家长的名义要求我做什么或者不做什么,我也尊重父亲,从来没有让父亲难堪。父亲了解我的性格、脾气,知道我说话做事的底线,我也知道父亲考虑问题的出发点和思路。五十多年的父子关系亲近而不亲呢,温暖而不炽热。

其实,如果一定要在"父亲党"和"母亲党"之间进行选择的话，我肯定是属于"母亲党"的，我想这大概与我受过教育、对乡土社会女性的地位有着比较理性的认识有关。在男性主导的乡土社会，家长制与大男子主义让男性相对强势，女性相对来说是弱势群体，我站在弱势群体这一边，能够增加母亲这边的砝码，平衡两性关系。不过，在我们家，父亲与母亲的天平本来就是平衡的，当我的砝码放在母亲这边时，反而会让父亲这边失衡。尤其在父母的晚年，父亲有了中风的后遗症，母亲有了老年痴呆症之后，我意识到我的砝码需要调整，但在我的调整还没有完全到位时，父亲就走了。

父亲走后，登弟还特意给我发信息，劝慰我不要太悲伤，说会永远记得父亲最后一次送别我们的那一刻。那天我请登弟开车送我到岳阳，准备去襄阳参加侄女的婚礼。我像以往一样与父亲拥抱后上车，说春节全家都会回来。父亲本来眼圈就已经红了，在车子启动的那一刻，突然背对着我们开始抽泣，而且声音很大。登弟见状，忙把车停下来，对父亲说："伯伯不要哭了，这一哭哥哥心里也难受，我们春节都会回来过年的。"父亲把头扭过来，朝我们挥挥手，意思是让我们出发。我流着泪对登弟说"出发吧"，登弟便开车了，但我和登弟两个人都在流泪，而且登弟哭得比我还要凶，一直开了五百多米都未止住。我说，"开车要注意安全"，登弟这才调整过来。

父亲与我有过无数次的分别，想不到这一次竟是永别。

我从初中三年级开始在学校住读，高中有半年住在二姑父的宿舍，其余时间都是在学校住读。这时候尽管也算离开家庭，离开父亲，但每个星期还能回家，而且，毕竟离家不远，大家心理上也不觉得这是分别。

真正让我、让父亲感到离别的，是我上大学。我们那时候考取大学后要转粮油关系，还要转户口，也就是从非商品粮转为商品粮，从农村户口转为城镇户口。父亲和我一起到镇粮站凭录取通知书换取粮油关系转移证明，到派出所换取户籍转移证明，做完这些后，我从法律意义上就已经离开农村、离开家庭了。尽管这个离开是当时大家公认的好事，但离别造成的伤感从那时起开始如影随形。

离家前一天，我挑了两担水，把家里的水缸都装满了。父亲本来说不要我去挑水，但我很坚决，父亲也就没有拦阻。其实，这个活平时都是父亲干的，我也就是客串一下，表达一下我对父母的爱心吧。

父亲开始给我准备行李，除了要带换洗的衣服，还要带一整套床上用品。我原计划带高中时用的那套被褥，但父亲说那套被褥他们可以在家里用，我去上大学还是要用新的。父亲用新收的棉花给我弹了一床崭新的棉被，把被套和被里缝好，然后给我打包。为防止弄脏，父亲还在被子外面包了一层塑料布。甚至连打包的绳子都是父亲新买的，说不能用家里的旧绳子，免得被人看不起。

离家那天父母起得很早，他们杀了一只鸡，洗好后切成块，早早地炖上，还准备了鱼和肉，作为中午招待客人的主菜。我起来后，母亲煮好鸡蛋，父亲剥好，然后加了糖让我吃。我一下想到这是我小学和初中时生日那天的早餐待遇，高中时我住校，生日都是在学校紧张的学习中度过，不可能吃什么特别的东西。父母在用高规格的早餐来表示对我离家的重视。

那天，叔叔和姑妈等一大家子都来为我送行，父亲在那边忙里忙外地招待客人，却不忘提醒我要把录取通知书和其他资料带好，把一个学期的生活费带好。我告知父亲都已经放在随身带的皮箱里，父亲叮嘱我身上还要带一点零花钱，又把叔叔、姑妈们送的红包都给了我。

我乘当天晚上的轮船去武汉，吃完午饭，父亲就与两位叔叔一起用自行车送我到船码头。老家的船码头于我非常熟悉，因为我的高中母校就在船码头附近，高中阶段我通常吃完晚饭就到船码头那里散步，看着来来往往的船只或者在这里停顿，或者在这里走过路过却错过，不肯为这个小小的港口做短暂的停留。那时我也曾想过，是否这里也是我离开家乡、离开亲人、离开父亲的地方。果然，这里成为我走向一个新的世界的起点。

我们在候船室等了一会儿，就看到陆续来了一些像我一样要去上学的人，大家通过行李上贴的武汉大学的标签一下子就找到了同学。我们开始自报家门，交流各自的院系和专业，我就读的行政管理专业让他们琢磨了半天，不知道这个专业是干什么的。其实我填志愿的时候也不清楚，当时一门心思想填报经济管理专业，但那年经济管理专业在湖北省不招收文科生，我就填了一个自认为和经济管理差不多的专业。其他几个同学有世界经济专业的，有计算机专业的，有空间物理专业的，好像都比我的专业更容易让人理解。

除了有到武汉大学的，还有到武汉其他高校的，其中还有几个我比较熟悉的同学。看到有这么多同伴，我请父亲和两位叔叔回去，但父亲说他们想再等等，等我上船后他们再走。

等船的时间就这样在我们的欢声笑语中过去了，随着汽笛声响，我们要乘坐的那班客轮已经抵港，父亲和两位叔叔一起帮我把行李拿到船上，我自己则拿着叔叔他们送的水果。因为没买到四等舱的铺位票，父亲他们把我送到三楼船尾的大甲板上，父亲似乎还想在船上陪我一会，但船上的广播已经在通知送行的亲友尽快离开，我于是与父亲和两位叔叔道别，催促他们尽快上岸。父亲临走又塞给我五元钱，让我晚上在船上吃饭，而这五元钱差不多是父母在家一个月的生活支出。

父亲他们离开后，我便开始与一帮同学交流，压根没想到回头再看看岸上的父亲。后来父亲告诉我，他们一直在岸上看到轮船远离视线才离开。

此后便是一次比一次更远的分别，大学期间我半年回家一次，研究生期间一年回家一次，工作尤其是结婚以后回家的时间就更少了。直到后来我们把父母接到上海，我和父母之间才从离别模式调整为欢聚模式。人生难得是欢聚，唯有别离多。确实，我们一次一次欢聚，又因为各种原因一次一次离别。

我们最近的欢聚是2017年父母第三次到上海后。那次是小外甥回老家，他把我父母接到上海，我到火车站接站。从我上大学后与父母分别，到这一次计划的不再分离，中间正好过了三十年。三十年弹指一挥间，父亲老了，我们的角色也发生了变化，当年是父母照顾我，现在该我照顾父母了。

我办好了直接到站台接人的手续，随后按照规定的时间进入站台，不久火车就到了。我在父亲所在的车厢边上等着，不一会儿，小外甥就带着父母走了出来。我迎上前，一边接过父亲手上拿着的东西，一边扶着母亲。我与父母已经有一年多未见面，这次为了表示欢聚的喜庆，我特意戴了一条红色的围巾。

父亲见了我，忙问我妻子和女儿的情况。我说："她们都好，女儿在大学读书还没回来，今天因为比较晚我就没让妻子过来，她明天会过来一起吃午饭。"父亲说："没关系，在老家就是想念宝宝，没事的时候就看看宝宝的照片。"我说："现在不能叫宝宝了，都是二十岁的大姑娘了，父亲说再大也是宝宝。"

这次父母出发之前已经把大多数东西都打包寄过来了，我告诉父亲，出发的时候只需要带一点路上要用的物品就行，但父亲依然是大包小包扛着背着过来的。父亲说："主要是带了一些吃的东西，今天早晨一早起来把家里喂养的鸡都杀了，现在用冰袋捂着，八只鸡就是一个大包，还有糍粑等老家特产，原本还想把一大坛辣椒酱带过来，被小外甥劝住了，说火车上不能放。"我说："带这么多东西拿在手上累。"父亲说："主要是想让你们吃一点老家的东西。"

我送走小外甥，再与父母一起回家，其间母亲晕车吐得厉害，父亲一直在车上照顾母亲。到家后，我照护母亲漱口、洗脸，父亲整理行李。他把吃的东西放进冰箱，看到带来的鸡都完好无损，没有一点异味，父亲很是得意，说还是他想的办法好，一只鸡旁边放一个小冰袋,就像一个冰箱一样。

那天等父母都洗好已经过零点了,但父亲似乎还比较兴奋,我说还是早点休息,明天再交流。

此后一周,我与父母住在一起,我让父亲熟悉家里的这些电器,带父母去超市,去附近的菜场。前面三天都是我烧菜,父亲在那里配合,第四天开始父亲说他可以烧菜了,于是我让父亲再次承担重任。

父母住的地方与我们住的地方相隔不远,不堵车的话开车只需二十分钟。我们这样安排也是有一些考虑的。父母与我们毕竟是两代人,大家在生活观念、饮食习惯甚至作息时间上都有很大的区别,住在一起总归是父母迁就我们。这样平时分开住,周末和节假日一起过,既能照顾彼此的不同,又能让父母享受天伦之乐。事实证明,这种相处模式在平时还行,一旦遇到突发事件,还是会让我们有些措手不及。

我和父母之间这种聚少离多,即便是团圆也还保持一定距离的相处模式,纵然有受到很多客观条件限制的因素,但却是我们之间能够始终保持亲密关系的重要原因。空间上的距离保证了我们交往上的距离,而距离感,或者说界限意识,是人与人之间交往的前提,也是父母与子女之间交往的基础。我们形容两个人关系好常用一个词语:亲密无间。实际上,人与人之间的交往是要有距离的,真正亲密无间的关系只适用于童年时期。当一个人的自我意识开始觉醒,当一个人独立判断事情的能力开始形成,就是人与人之间保持界限的开始。

一个周末，我们在上海的亲友又聚了一次，来的人加起来已经超过两桌，父亲看到这么多亲人一个个都像在老家时一样亲密，看到他从小带大的"宝宝"已经出落成一个大姑娘，也非常开心，从此父亲这里也就成为我们一大家子聚会的地方。

那段时间我基本上每个周末都来父母家住一个晚上，平日的白天再来一到两次。我陪着父母散步，陪着父母聊天，父亲也把老家这几年的一些人和事告诉我。听到这些曾经非常熟悉的人或是奋发图强，或是自甘沉沦的故事，我也唏嘘不已。

剧烈变革的时代给我们每个人提供了改变命运的机会，但有的路是正道，有的路是邪路。走正道或许不会煊赫一时，但身正不怕影子斜；走邪路或许能带来暂时的风光与辉煌，但天网恢恢疏而不漏。而不管是走正道还是走邪路的人，他们曾经都是那样朴实无华，是那绿色原野上一株毫不起眼的小草，是那袅袅炊烟中一户普通人家的儿女，是乡土社会里世世代代传承的一个环节与纽带。如果没有跟随浩浩荡荡的时代潮流，他们应该像祖祖辈辈一样，日出而作，日落而息，生儿育女直到养老送终。

这样又过了一段时间，我们家房子装修，妻子和女儿住进了宾馆，而我住到了父母这里，开始再次与父母朝夕相处的生活。

我一般是晚上吃好饭再回家，而且我会避开高峰期，这样一般在晚上七点半后，有时我与朋友谈一些事情，会出发得更晚一些。一般在出发之前我会给父亲电话，告知他回家的大概时间。但无论我是晚上八点钟到家，还是晚上十点钟到家，父亲都会在小区门口等我，等我停好车与他一起上楼。那段时间是夏天，父亲在外面等会有蚊虫袭扰，我告诉父亲不需要在外面等我，可以早点休息，或者在客厅边看电视边等，但父亲说年纪大了瞌睡不多，手上有扇子也不怕蚊虫叮咬。

其实父亲是给自己找了任务的，他在帮我找车位。我那时还不习惯停地下车库，但小区地面车位不多，回来晚的话几乎就只能停在那些多少有些争议的地方。每次都是我到小区门口看见父亲，父亲告诉我小区地面车位的情况，然后我再根据父亲提供的情报把车停好。

可能老人就是要有一种被需要的感觉，这种"被需要"以及对子女来说的"有价值"，是很多老人在这个世界上生活的理由，对父亲来说尤其如此。"春蚕到死丝方尽，蜡炬成灰泪始干。"父亲希望能够一直为我们做一些事情，直到他做不动为止。

父亲会很早起来烧早饭，早饭一般是粥、鸡蛋和点心。我跟父亲说他和母亲吃什么我就吃什么，但父亲还是会准备比较丰盛的早餐，或是炒一份青椒肉丝，或是烧一条鳜鱼或者鲈鱼，还会炒花生米，再加一份蔬菜。我会在吃早饭时用公筷给父母搛一些菜，父亲常常一边推辞一边说菜都让他们吃掉了。

早餐时间也是我们天南地北聊天的时间。我会把工作中一些有趣的事，去过的一些有趣的地方，交往中碰到的一些有趣的人，讲给父母听。每每讲到一些人，父亲都会找到一个老家与这个人比较相近的人，而母亲常常会提出反对意见，说我讲的人与老家那个人不像。父母也会把他们经历的一些事情告诉我，我也因此对父母是如何安然度过1954年家乡的水灾和三年困难时期有了一些了解。

父亲起来准备早餐时，我往往还在休息。父亲会把厨房的门关起来，尽量避免厨房的响声对我造成影响。有一段时间我在附近做培训，七点钟就要从家里出发，这样父亲就得更早起来准备早饭。往往我六点钟起来的时候，父亲就已经把早餐准备好，依然是准备了几个菜。

我们自己家装修好后，我准备回自己家住了。那天我在整理带回家的衣服时，父亲在旁边看着我，说"在一起住了这么长时间，这一回去，肯定有好长时间不习惯"，说着眼圈就开始红了。我安慰父亲，说"我会像以前一样周末过来住"，父亲说，"那不一样的"。

我与父母曾经讨论过这样的话题，就是子女的世界越大，离父母会越远，或者也可以说，子女越有出息，越不会在父母身边。父亲说，没有一个父母不希望子女超过自己，自古忠孝难两全，这些道理他们都明白，只是人老了容易伤感，尤其是身体出了状况后更加有这种阎王爷随时会点名的感觉，也就更加在乎与子女在一起的时光。

2021年我们商量好父母还是回老家后，父亲虽然对回去的生活信心满满，也盼着回去后母亲的病情能够有所控制，但毕竟这是我们欢聚三年多后的再次离别，父亲是那么依依不舍，以至于几次痛哭——

第一次是在岳父母来送别时。那天我们接了岳父母到父母这边来,想着大家一起再聚一聚。岳父母很客气,给父母送了一个很大的红包,父亲推辞不收,妻子劝说父亲收下,这时父亲的眼泪就流下来了,他开始抽泣。女儿见状赶紧安慰,我也安慰父亲,好长时间父亲才止住哭泣。

中午我们在餐厅吃饭,父亲感谢岳父母,说他们培养了一个孝顺的媳妇,说媳妇对他们没有任何二心,总是为他们考虑,把他们想不到的事情都想到了。确实,父母在这边的衣服鞋帽,以及家里的日常用品都是妻子采购的。父亲冬天手容易裂口,妻子为父亲买了塑胶手套,父亲戴着手套干活就会好一些。父母烧饭的电饭煲是他们刚来的时候买的,锅底已经有些斑斑点点,我在父母这儿出出进进却没有留意,妻子那次偶然看到后马上就买了一个新的电饭煲寄过来。父亲说这个新的电饭煲用起来很顺手,后来回老家时我就让父亲把电饭煲带回去了。

岳母这次还带了一些衣服和帽子过来送给我母亲,我帮母亲把帽子戴上,还让她把羊毛衫试穿了一下,发现都很合身,母亲也对岳母表示感谢。当然母亲说的有些家乡话岳母还听不懂,这次不用我做翻译,我女儿就可以做翻译了。

第二次是在我们一大家子聚会,父亲吃好饭后与妻子和女儿告别时。那天我们在上海的亲人再次一起团聚送别父母,依然是两桌人。大家劝父亲回去后保重身体,说回乡之后再去探视父亲。吃饭的时候父亲还有说有笑,说回去之后要养鸡,让大家回老家后吃上家乡的土鸡。四姑妈也再三叮嘱父亲,回去之后千万不要逞强,不要一个人做很多事情,要注意休息好,说把自己的身体照顾好就是在帮孩子们,父亲也答应了。

饭后女儿扶着父亲，我扶着母亲往家走。走着走着，父亲突然又哭了起来，妻子赶快过来与女儿一起劝慰，说以后逢年过节肯定会回去，父亲一边抽泣，一边表示知道我们会回去的，只是心里有些舍不得，以后思念的时候又只能看照片了。

女儿说现在可以在家里装监控，有了监控后不仅可以看到人，还可以随时对话。父亲说："这么先进的东西我们不会弄。"女儿说："不需要你们动手，装好以后我们在这边问候，你们听到声音回答就行了。"父亲说："还是宝宝聪明，回去以后再看看，如果真的这么好，也跟大家在一起一样。"

第三次在父母的东西都已经打包寄走，回家的车票都已买好，妻子和女儿再来送别时。这天，女儿给她的爷爷奶奶送了红包。就在女儿给父亲红包时，父亲又哭了起来，我赶快劝慰父亲。父亲边哭边说："宝宝小时候说以后参加工作了要给我们钱，问我们一天给八百块够不够，我们说不需要那么多，一个月给八百块就够了，现在果然是有出息了。"

女儿参加工作后，第一个月的工资都给我们买东西了，其实应该不只是第一个月的工资，因为所有的花费加起来有一万多元。女儿给她的爷爷奶奶一人买了两套加厚的棉毛内衣。母亲好像后来都穿上了，父亲却放起来舍不得穿，说把现在的衣服穿旧了再换。但直到父亲离世，都没舍得穿这两套内衣。

父亲叮嘱女儿要早点休息，还要多吃东西，不要像小时候一样吃得又少又慢。女儿一边答应，一边说："现在很能吃东西了，特别能吃肉，还特别能吃牛肉。"我们也在旁边说："女儿吃牛肉很讲究，还不是全熟的，有几分生，说这样有营养。"父亲表示现在的年轻人是不一样，他们年轻时最能吃的是白米饭，就着点咸菜和酱萝卜也能吃几碗。

父母回老家前的那天晚上，我们住在一起。父亲告诉我，窗户都擦过了，马桶都洗过了，淋浴房的玻璃擦过了，地板也拖了两遍。父亲还带着我到厨房，说灶台后面的塑料纸都已经重新铺好了，我一边责怪父亲干这么多活把自己累坏了，一边在那里流泪，心想为什么老天爷让母亲生这样的毛病，如果母亲没有生病，父母能一直住在这里该多好啊。

第二天早晨，大外甥过来，我们一起开车送父母去火车站。原本想着大的物件都已经打包寄走，没想到走的时候还是大包小包。父亲还准备像来的时候一样肩背手提，全然没考虑他现在已经是中风后的"半个人"——需要拄着拐杖走路的人。大外甥把这些东西接过来背上，还腾出一只手扶着父亲，而我扶着母亲，准备乘电梯到地下车库。

父亲像往常一样检查煤气灶的开关，又看了看几个地方的水龙头，确认都已关好，然后才关门，关好门后又拍了一下，确认已经关严，他对我说钥匙都已经给我了，让我再确认一下。我跟父亲说钥匙已经放在我的手提袋里，还拿出来给父亲看了一下，父亲这才放心下楼。

"昔我往矣，杨柳依依。今我来思，雨雪霏霏。"父母来的那天天气晴好，这天却是小到中雨，仿佛老天爷也在为我们的离别而伤心流泪。我小心翼翼地开着车，大外甥在后面照顾母亲，以防母亲晕车。那天还真巧，母亲坐了接近半小时的车，居然没有晕车,而平时母亲坐车超过十分钟就要晕车了。

我们紧赶慢赶地上了火车,大外甥陪在父亲身边,我陪在母亲身边,母亲问我回去要多长时间,我说:"坐火车要五个多小时,接着坐汽车,还要一个多小时,差不多回家正好吃晚饭。"母亲说:"能不能叫火车快点开?"我说:"不认识司机,也没有熟人认识司机。"母亲说:"那就算了。"

大外甥买来矿泉水,临近中午时又买来午饭,父亲问大外甥这一份饭多少钱,大外甥据实告知价格。父亲说这火车上的饭可真贵,这一盒饭的钱是他和母亲两三天买菜的钱。贵也就算了,关键是盒饭比较硬,母亲吃了后不舒服,不一会儿就开始呕吐,又是大外甥忙上忙下,等到把母亲安置好,也差不多快到站了。

卫忠叔告知我他已经到站,让我们不要急,慢慢走。这次是我扶着父亲,大外甥扶着母亲。我们刚一出站,卫忠叔夫妇就迎了上来。他们问候父母后,说:"今天老家雨很大,气温不高,还担心二老穿的衣服不够厚呢。"我说:"今天出发时上海的气温也不高,正好两边差不多,也算是老天爷帮忙了。"

此时的岳阳,雨下得比我们从上海出发时还要大,虽然已是五月下旬,冷风穿过熙熙攘攘的人群吹过来,居然还有点凉飕飕的感觉。我问父亲冷不冷,父亲说不冷。确实,父亲在衬衫外面穿了一件红色的羊毛开衫,还套了一件旧外套,没想到这件外套在随后坐汽车的过程中还派了大用场。

我们沿着长长的过道走向停车场,父母与卫忠叔夫妇已有几年未见，大家有说不完的话。到了停车场后，卫忠叔去开车过来，我们在过道上等候。刚才还有说有笑的父亲，这时突然又开始抽泣，他的悲伤情绪迅速蔓延开来。我流着泪把餐巾纸递给父亲，发现一包餐巾纸根本不够用。

卫忠叔很快就把车开过来了，我一边撑伞，一边扶父母上车，大外甥配合卫忠叔把行李放到后备箱。因为停车的地方是交通要道，车辆不能久留，卫忠叔上车后车子就启动了。我向父亲挥挥手说再见，父亲隔着窗户与我道别。我和大外甥回到过道上，直到车辆离开视线才去候车室。

我们和父亲商量好，这次我和大外甥只把他们送到岳阳，然后就坐车返回上海，由卫忠叔把他们送回家，二姑父、二姑妈和三姑妈已经把家里收拾妥当，准备好晚饭。我们办好乘车手续后，我就给父亲打电话了解情况。

父亲说他自己还好，就是母亲晕车，我们准备的塑料袋已经不管用，现在父亲把自己的外套垫在母亲身上，以防把车上弄脏，父亲说他准备回去就把这件旧外套扔掉。我想过母亲会晕车，也做了一些准备，没想到还是这么严重，更何况母亲在火车上已经把吃的东西都吐掉了。

我们上了火车后，我估计父母应该差不多到家了，于是我再打电话确认。父亲说他刚到家一会，卫忠叔他们已回去，目前准备帮母亲洗洗后吃晚饭，还叫我们到上海后给他电话。

父亲在上海时，我、姐姐以及其他亲人从他那儿回家时，他都会叮嘱到家后打个电话报平安。有几次我到家后忘了打电话，父亲还会打电话给我妻子，问我是否已到家。父亲说担心我还堵在路上开车，怕我接电话不方便。

晚上九点火车抵沪后，我们又打电话告知父亲。父亲说母亲今天晕车弄得人很累，目前已经休息，姑父、姑妈他们已经回家，他也已经洗好，但淋浴房这边的下水道有些堵，二姑父已经与上次装修的人联系好明天来修。我请父亲早点休息，但父亲坚持说等我们到家后给他电话他才睡觉。我和大外甥差不多同时到家，车一停下来我就给父亲打电话报平安。

第二天早晨，我九点钟左右打电话回家，父亲说他和母亲早已起来，今天老家是晴天，好多邻居朋友看到父母回来了，都来家里探望。大家都说父亲第三次中风后能够恢复成这个样子，已经是老天爷的眷顾。父亲说这时候家里还有客人，我就没再多说。

下午我到父母住过的地方，把剩下的一些东西打包寄回去，看到人去楼空的房子，我再也控制不住自己，坐在沙发上痛痛快快地哭了一场。我不知道我们的决策是否是最合适的，但我清楚父亲的难舍难分，也知道自己也要花一段时间才能再次适应这种离别模式。

此后几天，我还是像以往一样每天早晚一次电话，但我发现已经产生了一些问题。在上海时父母用的是座机电话，父母接电话都没有问题，现在我们打的是父亲的手机，母亲接不来。一旦父亲在忙什么事情，听到电话心一急有时就按错键，要打三到四次才能打通。同时，父母在老家的生活作息与在上海时不一样，我有时打过去时父亲正在集镇上买东西，有时又在去探望老朋友的路上，接听电话不太方便。于是，我跟父亲商量，以后我每天晚上七点半以后打电话，早晨我就不再打电话了。父亲表示可以，说刚回来这几天确实忙。

每次到我晚上打电话时，母亲基本上都已经休息。父亲会把这一天的情况与我交流。他说母亲回来后病情非但没有好转，反而每况愈下，但都能想办法解决；说亲人和邻居朋友对他们的照顾；说他自己的病情；说他重回老家后的感受。

父亲说现在就盼着我们国庆节回来。

国庆节如约而至，因为疫情关系，还是只能我一人回家。我在电话中告知父亲这个情况，父亲说："宝宝她们不回来也好，现在家里还很热，还有蚊子，我担心她们受不了。"

我这次回家除了探视父母，还要参加两场婚礼。因为多数时间都要待在小城，我就没准备住在家里，父亲觉得天热，怕我休息不好，也不想我住在家里。现在回想起来，我确实应该住在家里陪陪父母，也实地感知一下淋浴房洗澡的情况。由俭入奢易，由奢入俭难。虽然我现在谈不上"奢"，但要到比平时稍微差一点的环境里生活，我就会有畏难情绪。我不知道这种自责什么时候能够消除。

国庆节期间姐姐一家也都回来了，父亲非常开心，有种心愿已了的感觉。我回到上海后给父亲打电话，父亲依然精神十足，还不忘要我代他向岳父母问好。

冬天到了，我担心父亲又出现手脚冰凉的情况，那段时间的电话就父亲如何保暖做过很多交流，父亲说，可能是一天到晚都在忙着做事情,还没感觉到手脚很冷。我还在想着父亲的身体如何再次适应老家的冬天的时候,父亲的生命却在入冬以来最冷的这天戛然而止。

我不知道父亲在离世的那一刻会如何评判这一生,会否想起我们欢聚时的快乐,我们离别时的悲伤,但我知道父亲给予了我无法回报的爱,"谁言寸草心,报得三春晖",我只能用无尽的思念来追忆父亲,让父亲永远活在我的心里。

父亲的背上有一块巴掌大的红色的胎记,按照家乡的说法,这是父亲上辈子走的时候不肯喝忘魂汤,阎王爷用通红的烙铁对他进行的惩罚。假如真有这样的情况,我宁愿父亲这辈子不要再受罚,等我老了归去的时候,让我来接受这样的惩罚。我期盼我们可以在来世再续父子情。

父亲走后的第一个清明节,上海新冠肺炎疫情严重,我们在家足不出户,不能到父亲墓地点燃一缕清香,我只能用一首小诗来寄托哀思:

  每个父亲都是太阳
  他们像太阳一样热烈
  像太阳一样明亮
  我们年轻时血气方刚
  离太阳近了亲情会受到灼伤
  他们年老后身体抱恙

离太阳远了亲情会挂满冰霜
不为守望
只愿爱的脚步走过岁月的山高水长

每个父亲都是月亮
他们像月亮一样温馨
像月亮一样慈祥
他们让孩子在黑暗中摸索
又在需要的时候指引方向
他们静静地爬满在床前
让思乡的游子当作地上的寒霜
不为归乡
只盼心的呼唤穿透前路的层峦叠嶂

太阳下山明天依然会洒满阳光
父亲离去之后却再也不能笑容闪亮
看见太阳我们会想起父亲
父亲的叮嘱还在我们耳边回响
走正道会越走越亮堂
最美的风景就是我们努力的模样

月亮盈亏月月都有十五的晚上
父亲暗淡下去便再也不会笑声爽朗
看见月亮我们会想起父亲

父亲捧出桂花酒让我们品尝

生活有碧海青天的寒心也有美味琼浆

最深的情谊还是有福同享有难同当

我们会记住父亲的喜悦与忧伤

只要还有高挂的明月

只要还有高照的艳阳

父亲就是那日月星辰

我们依然与父亲共享时光

——我们在地面

父亲在天上

母亲与我

母子连心。

母亲离世前那个晚上,二姑父建议我早点回宾馆休息,说母亲已在昏迷中与死神搏斗了一个多星期,现在气息已经越来越弱,很有可能晚上就会离开,让我先抓紧时间回去休息一会,一旦母亲离开,我要尽快赶回来给母亲烧落息纸,还要一起商量处理后事,后面就没有什么休息的时间了。那天白天我与姐姐、姑父姑妈和几个表兄弟一起都在家里陪护母亲,我看着母亲呼吸还算均匀,便听从了二姑父的建议,由表弟开车送我回宾馆。我洗好便睡了,但凌晨三点多钟我就醒了。我看了看手机,二姑父和姐姐都没有给我打电话,知道母亲没什么事,一直悬着的心似乎放下来了一点,于是想再休息一会,但却怎么也睡不着了。我预感到母亲可能今天要走,因为今天是星期六,母亲知道我们星期六休息,不会耽误工作。果然,在我回家后不久,也就是早晨八点半左右,母亲走了。

母亲让我们好好地休息了一个晚上，一直等到我和众多亲人都到了，才安然离开。

母亲这次病情起于半夜起来摔了一跤，等她被发现时已经人事不省。养老院给表哥和我们打电话告知情况，表哥第一时间叫了救护车把母亲送到医院。做了相关检查后，医生说母亲摔跤导致颅内出血，头皮血肿，肋骨多处骨折及胸椎骨折，提出需要做开颅手术。不过，当医生了解到我们子女都尚未赶回来时，说也可以先送重症监护室抢救，等家属回来再决定。表哥与我们电话交流，都觉得母亲年纪大了，还有高血压，如果做手术，说不定等不及见我们最后一面，如果送重症监护室，可能还可以等到我们回来。我们请表哥先送母亲去重症监护室抢救，等我们回来与医生交流后再做最终决定。

姐姐和小外甥当天就回了老家，当天晚上姐姐就守在重症监护室门口过了一夜，我把一些事情处理好后第二天也回家了。我还在火车上的时候，姐姐打电话说医生让家属带母亲去做CT检查，检查后医生说母亲的大脑淤血有所改善，但情况依然严重。姐姐说母亲仍然昏迷不醒，对亲人的呼唤已经没有任何回应。

我到荆州后，由老同学夫妇开车送我回家。这里有一件事值得一说。当天工信部发布通知，取消通信行程卡的"星号"标记，在此之前，凡是十四天内到过疫情中高风险地区的人，手机中的通信行程卡都带"星号"，而通信行程卡带"星号"会对人们的出行造成很多不便。我从荆州下火车后，发现荆州这里对到站旅客还是按照通信行程卡带"星号"分类，而不是按照是否从上海、北京等有中高风险区的地区过来分类。我打开手机查看通信行程卡，果然已经取消"星号"，于是我从没有"星号"的通道出站。出站后才发现还有区分，本省来荆州的不需要做核酸检测，外省市来荆州的需要在附近的窗口做落地核酸检测，凭落地核酸检测已采样的证明通过防疫关卡。从工信部已经取消通信行程卡带"星号"标记，到荆州还在执行相关政策，说明从国家的政策颁布到地方实际执行还是有时间差的。

老同学夫妇都经历过亲人大脑淤血昏迷不醒的情况，也给我讲解了好多这方面的知识，一路上都在帮我出主意。我们回到老家小城已经是晚上六点多钟，卫忠叔安排吃好晚饭后，我们送别老同学，一起赶到医院，按照老同学夫妇的建议向值班医生了解情况。值班医生拿出母亲的病历卡，跟我们简单说了下母亲的病情，说详细情况还要明天早晨八点再过来由主管医生介绍。我谢了值班医生，走到重症监护室门口，试图与护士交流一下，但护士说现在已过探视时间，家属不能进重症监护室，病人有情况她们会出来告知，其他的她们不清楚。

我和姐姐商量，这样等在重症监护室门口似乎也没必要，我说："昨天晚上姐姐在外面守了一夜也没有等到什么通知，我们还是回去休息，一旦有事立刻赶过来。"姐姐仍坚持要留下，旁边的几位病人家属也都劝姐姐回去休息，说昨天已守了一夜，今天再熬一个通宵人吃不消的，有事情医生会打电话。再说，根据他们的经验，今天晚上不会有什么事情的。姐姐已在重症监护室门口守了一天一夜，与几位家属也已十分熟络，这些病人的情况与母亲也差不多，都是大脑淤血昏迷不醒，他们讲的话应该比较可信。于是我和姐姐一起回去休息，路上姐姐告诉我，这些病人中也有几位是交通事故导致的，年纪不过五十多岁，看来交通安全问题依然是农村世界的一个痛点。

卫忠叔给我订的宾馆是上次我送别父亲时住过的。那次送别父亲后，我和姐姐带母亲在宾馆住了两个晚上，母亲对其中一个早晨的早餐印象很好——吃到了她已经很多年没吃过的油煎刁子鱼，尽管吃得不多，但母亲似乎很满足，说味道还不错。没想到半年之后，母亲就已经不省人事，我的心情又开始变得沉重，母亲与我在一起的画面开始一一浮现出来。

母亲二十九岁时生的我，在农村老家这已算是大龄妈妈。我出生后母亲没有再生弟弟妹妹，所以母亲一直说我吃奶吃到三岁，纵然如此，我小时候的身体与同龄人相比，还是显得有些弱，不如我的那些小伙伴长得壮实。父母认为这是因为我吃饭不多，为了让我多吃一些东西，母亲想尽了办法。

老家有一种说法，吃猪油拌饭会让人身体好，于是母亲从亲戚朋友那里收集了很多猪油，不断地给我做猪油拌饭，试图把我喂得壮实一些。我至今还记得其中一个场景，我们那时住在父母第二次建的房子里，厨房光线不好，即便是大白天也显得昏暗。母亲做猪油饭时会先把煤油灯点亮，就着点点的灯光把猪油放进锅里，待猪油融化后，再把饭放进去，随后把煤油灯吹灭，凭感觉在锅里翻炒，待到饭香和猪油的香味都已经浓郁扑鼻时，母亲再往锅里加点盐，翻炒几下后先尝一下咸淡，觉得可以了再盛好给我吃。母亲把煤油灯吹灭是因为要节约用油，那时候家家用的煤油也是有限额的，需要油票才能买到，如果在白天做饭的时候点灯，会被人家认为是奢侈浪费。母亲为了保证猪油拌饭的质量，还是会在关键环节用一下煤油灯，确保做出来的美味能让我胃口大开。

大约六七岁开始，我就会在暑假跟着大一点的小伙伴在湖里钓鱼，最早的时候鱼钩都是自己做的，后来能够买到有倒刺的鱼钩，渐渐地我也能钓到一些鱼了。母亲知道有鱼我就能多吃饭，不管我带回来的鱼有多少，总是第一时间把鱼洗干净，腌好后放在竹篮里，挂在外面风干，然后晚上与青椒一起煎炒后给我吃。看到我能够多吃一些饭，母亲就会很开心。当然，运气好的时候我也能钓到几条大一点的鱼，这样不仅我能吃鱼，父母和姐姐也都能够吃到一些。而且，似乎我那时运气好的时候还挺多，有时候钓的鱼能用树枝穿成一串带回来。可惜上大学以后的暑假我再回去钓鱼，就很少钓到了，大概鱼也知道我这时候已经不是有鱼就能多吃饭的人了。

我读初中那时候，冬天如何吃早饭曾经是一个难题。老家的冬天要七点多钟天才亮，母亲天一亮就起来烧饭，但常常是饭还没熟的时候，与我一起上学的同伴就已经出发并出现在我的视野里了。母亲让我不要着急，说人家肯定是炒了一点剩饭吃好就出来了，而我是吃新鲜米饭，时间自然会长一些。为了让我多吃一些，母亲还要炒两个菜。我赌气地跟母亲说我不要吃新鲜米饭，以后也跟人家一样吃剩饭就行，但母亲还是没让我吃剩饭，因为她知道我吃干巴巴的剩饭肯定不会吃很多，母亲不会让我没吃饱就去上学，于是比以前起得更早。她先用大锅把新鲜米饭烧好，再用小锅炒菜，这样可以确保我起来之后就能吃饭，而且至少可以吃一道已经做好的新鲜菜。很多时候母亲还会给我做碗鸡蛋汤，让我吃得热乎乎的。

我初中毕业时基本上是豆芽菜体型，高中阶段学业繁重，在学校吃食堂很难保证营养，我的豆芽菜体型也就更加成型。为了让我在身体发育阶段吃得多一些，每次周六我从学校回家，母亲会烧上好多我喜欢吃的菜，看着我吃完一碗再吃一碗。周日我返校时，母亲会将一些菜放在罐子里，让我带回学校吃，但到学校后，一个寝室的同学基本上就把家里带来的菜共享了。当然，这与瓶瓶罐罐装着的菜不易保存有关系，大家都想着与其过两天馊掉，还不如一起吃掉。每周一次的营养会餐满足了我的口腹之欲，但对于我的豆芽菜体型没有明显改善，母亲也常常因此忧心忡忡，担心我身体瘦弱干不了重活，直到我考上大学，她才放下心来。

上大学后我的身体状况有所改善，但总体而言还是偏瘦。记得有同学曾说过，从"瘦"字的结构来看，"瘦"与"病"同部首，可见"瘦"也是一种病。我不曾把自己当病人看，但在接触了一些生活常识与卫生知识后，寒假再回家时，我就饮食与卫生对母亲提出了意见，为了让母亲接受我提出的意见，我甚至说我的"瘦"可能与这些有关。记得当时我主要给母亲提了两条意见，一是菜太咸，二是洗碗的抹布不卫生。母亲听了我的话，愣了一下才说："那以后就少放一些盐吧。"我赶紧说："我去镇上买几块毛巾回来做抹布，以后过一段时间就要把旧的抹布扔掉，换新的抹布。"母亲没有反对,我说干就干,马上骑车去镇里的商店买了好几块毛巾回来。晚上洗碗的时候我就督促母亲用新毛巾清洗,但出乎我的意料,新毛巾竟然褪色,把原本白净的碗都染成浅红色的了。母亲又换了一块新毛巾,结果还是褪色,母亲只得继续用旧抹布洗碗,直到我过两天去县城买了专门的洗碗抹布回来,我的改革计划才算实现。

其实,母亲做菜较咸是事实,但抹布不卫生纯粹是我的主观臆断。珍表妹曾和我聊过一件有趣的事,她说逢年过节很喜欢来我们家玩,因为舅舅舅妈特别热情,但就是吃饭的时候有些受不了,舅舅总是把油煎的鱼块搛到她的碗里,让她多吃一些在大家看来比较好吃的菜。这些鱼块比较咸,她就想快点吃掉省得剩下来,但舅舅看她很快就把鱼块吃掉了,以为她喜欢吃,就又把鱼块搛到她的碗里,她只能继续吃。每次她吃完饭后都觉得嘴巴里比较咸,要喝一些茶水才能把味道调过来。

那时候没有冰箱,要想保存新鲜的鱼、肉,唯一的办法就是用盐腌制后风干,这大概也是人类从游牧社会到农业社会一直流传下来的技艺。为了让腌制的鱼、肉等保存的时间更长,往往会加上较多的盐,老家有一个说法,菜咸了不怕,多吃饭就是。不过,在我给母亲讲了吃太咸的菜可能会对身体造成伤害的道理后,此后母亲做菜时,盐的确少放了。

在老家,家家户户的抹布都是用旧衣服制作的,有的是把旧衣服剪成布条,扎在一起,有的是剪下一段袖子,直接用作抹布。母亲用的抹布也是父亲用旧衣服制作而成的,一般是用棉质面料的上衣,把两个袖子剪下来,拼在一起。父母都爱干净,抹布也总是洗得干干净净，但旧衣服的面料洗时间长了会掉一些细细碎碎的绒毛，粘在饭碗或者菜碗上就显得不太卫生。现在看来，用旧衣服做抹布，其实也是贫困年代勤俭节约的一种方法，在家里人穿衣服都成问题的情况下，大家是舍不得专门花钱买抹布的。而且，父母在选择旧衣服时已经有讲究，基本都是我和姐姐的旧上衣。专用抹布肯定比旧衣服要好，但在当时的经济条件下，父母已经达到了他们能达成的最卫生的水平，而我居然说家里的抹布不卫生。这其实对父母，尤其对母亲是一种伤害。后来听说，我买的那些褪色的毛巾，母亲洗了好几次，待毛巾终于不再褪色后，母亲还是用它派了点用处。

　　农村的家庭治理模式基本上都是"男主外、女主内"，母亲在家里的时间更多一些，所以我们小时候总是母亲照顾得更多一些。除了烧饭、洗衣服，母亲还要饲养家畜，在菜园里种植各种蔬菜，以及把一些蔬菜制作成调料或者成品菜，如把红辣椒腌制后制作成辣椒酱，把萝卜腌制后制作成酱萝卜或者萝卜丝，把大头菜腌制后制作成咸菜等。农村的孩子从会走路开始，就是一帮小朋友在一起疯玩，玩累了，或者肚子饿了，或者小朋友之间打架闹矛盾了，才会回家吵着要吃饭，有的哭哭啼啼地告状，希望母亲能为自己出气。碰到我和小朋友闹矛盾这种事，母亲只会告诉我不要和小朋友吵架，不会去找对方家长理论，更不会帮我在别的小朋友面前说什么狠话，母亲认为小朋友之间磕磕碰碰是再正常不过的事。

　　我们小时候虽然可以吃饱穿暖，但总体而言还是处于贫困状态，即便如此，母亲对于那些比我们还贫困的弱者，依然会伸出援助之手。那时候总有一些上了年纪的人出来讨饭，老家把这些人称为"讨米佬"。对于受一时生活所迫成为"讨米佬"的人，母亲总是客客气气的，遇到我们正在吃饭的时候，就会盛一碗饭给人家，不是吃饭的时候，就会让我舀一些米给人家。老家还有一些专门靠众人的施舍过日子的人，这些人被称为"叫花子"，遇到这些专门吃百家饭的"叫花子"，尤其是一些年纪轻轻、智力正常、手脚健全的"叫花子"，母亲也会给他们米饭，但态度不会像对"讨米佬"那样客气。对于其中一些耍蛇的"叫花子"，母亲更是会对他们说快点走开，不要吓着我的孩子。事后母亲还会对我说，这些人有手有脚，不憨不傻，却要靠"吃自来食"过日子，真没有出息，也不知他们的父母是怎么想的。

母亲和父亲收留过一家"讨米佬"在我们家住宿，我和姐姐当时很是反感，父母要我们帮忙把堂屋里的东西收拾一下，以便"讨米佬"在堂屋里打地铺，我们蛮不情愿，总觉得他们是多管闲事——

那天吃晚饭的时候，门口出现一家三口来讨饭，母亲看那个孩子还小，赶紧先给孩子盛了一碗饭，然后给那对夫妻各盛了一碗饭，也都搛了一些菜。正常情况下他们应该走人了，但可能因为那天天气较冷，天又快黑了，于是他们提出能否在我们家吃好再走。父母同意了他们的要求，边吃饭边与他们交流，大概是问他们是哪里人，遇到了什么麻烦事，怎么会带着孩子一起出来。那对夫妻说着说着就哭了，大约是男方的父母双亡后，受邻居欺负，无法在家里安生，只能出来乞讨。母亲问他们天气这么冷，晚上都在什么地方过夜,那对夫妻说:"就在好心人家房屋外面的稻草堆旁边铺开被子睡觉。"说着指了指随身携带的被子。那对夫妻说他们就是附近湖南农村的,说出来的地名父母也熟悉,似乎他们以前走亲戚还去过那一带。父亲与母亲商量,是否让这一家三口就在我们堂屋里住一个晚上。母亲本来就很同情那个孩子,于是对那对夫妻说:"今天这么冷,你们晚上就在我们家堂屋住吧。"那对夫妻自然是千恩万谢,一直说父母是菩萨心肠。

那时候我十来岁,正是似懂非懂的年纪。得知父母让这家人在我们家住宿,我首先想到的是他们会把家里弄脏,甚至他们可能会偷家里的东西,但父母已经发出邀请,人家已经接受,我也没有办法,只能和姐姐一起在收拾堂屋时通过重手重脚地搬东西来表达我们的不满。母亲当时也没有指责我们,只是说谁都可能有遭难的时候,我们能帮就帮一把。我和姐姐也没有再说什么,洗好以后就各自回房间休息,父母应该还帮他们烧了热水,让他们洗好以后在堂屋的地铺上休息。

第二天早晨我起来时,这家人已经离开了,父母已经把堂屋打扫干净,母亲已经在为我们准备早饭了。母亲说:"这家人天一亮就起来了,自己把地铺收好,找来扫帚把地扫干净。"那对夫妻还让孩子给父母磕头,说感谢父母的大恩大德。母亲说:"都是有孩子的人,想到自己的孩子有吃有穿有住,别人的孩子过着这样的生活,就想让人家尤其是那个孩子吃顿饱饭,睡个好觉。"我说:"万一人家半夜起来偷东西怎么办?"母亲说:"不会的,这对夫妻一看就很忠厚善良,不是那种狡猾刁钻的人。"我看家里没有什么损失,他们对我晚上的休息也没有造成什么影响,这才释怀。

现在看来，出于善良的天性，父母当时收留这家人住宿，确实也冒了一定的风险。好在20世纪70年代末，老家这里的人都比较淳朴、本分，人与人之间还有基本的信任，施助者心无芥蒂，受助者实话实说，这才成全了一个助人与感恩的故事。只是我当时懵懵懂懂，还对父母有些怨言，实在是应了堂屋里贴的那副春联：童言无忌。

母亲对于苦难人的同情，应该与母亲的信仰有关。母亲信的那些神，从佛教的观音菩萨，到道教的杨泗将军、土地公婆，这些大神有的是全国性的"明星"，如观音菩萨，是中国佛教四大菩萨之一；有的是地区性、职业性的神仙，如杨泗将军，是长江中下游一带民间信仰的水神；有的只是负责一方土地的基层神仙，如土地公婆。但不管是大牌明星，还是基层小神，母亲对他们一视同仁，在他们的生日都要焚香膜拜。母亲还相信天上有雷公菩萨、有闪电娘娘，地下有阎王爷、有鬼判官，相信善有善报，恶有恶报。

老家的春夏常有雷电暴雨，每当电闪雷鸣的时候，母亲会双手合十，口中念叨"善过爹爹"之类的话，应该是祈求菩萨保佑的意思。其实，避雷针早在18世纪就已发明出来，只是母亲和老家的人不知道，人们也没有防范雷电的知识，以至于老家时有被雷电击中的人。按照母亲的解释，天打五雷劈是老天爷对做了坏事的人的一种惩罚，有些人今生可能没做什么坏事，但前世做了坏事，尤其是罪大恶极的事，老天爷也不会放过他，要通过惩戒来警示世人。据说老天爷雷击人后还会在人身上公布其罪状，以证明其行为的合法性。其实，用现在的科学知识来解释，这应该就是人被雷电击中后，雷电在人身上留下的痕迹。古代的人们不懂这些科学知识，但他们建立的一套崇尚道德、敬畏自然、天人合一的信仰体系，经过世世代代的教化，确实已经内化为母亲和她的同龄人的行为规范，又通过母亲影响到我，让我知道"天地有正气""于人曰浩然""仰不愧于天，俯不怍于人"的道理。

母亲的认知体系中除了有世世代代教化的内容，也有一些时代的烙印。在那个"政治挂帅"的年代，母亲她们要经常去参加学习会，要学习最新的语录，要知晓国家大事，还要在灵魂深处闹革命，"狠斗私字一闪念"。记得我那时五六岁，有一天我突然问了母亲一个问题，大约就是是不是各个地方的人们都过着跟我们一样的生活，母亲说："有的地方与我们这里不一样，就是台湾，台湾还没有解放。"我再问母亲台湾在什么地方，母亲说："她也不知道，只知道台湾是一个岛，目前是国民党统治，而我们是共产党领导。"记得当时我很惊诧，觉得自己一下子开阔了眼界，原来还有一座岛屿上的人们过着不一样的生活呢。

我开始上学后，晚上会在煤油灯下写作业。夏天，母亲会拿着蒲扇帮我扇风，驱赶蚊虫；冬天，母亲会在灯下做针线活，帮我缝制棉鞋。记得那时候语文老师布置了大量的背诵任务，我一边朗读，一边试着背诵，有时候背着书就要打瞌睡，还是母亲提醒我不要睡觉。母亲对我说，她很喜欢听我朗读的声音，我于是又打起精神，把一篇课文背下来后再睡觉。

我们上了初中后才开始有英语课。教我们英语的是一位体育老师,这位体育老师在县教师进修学院培训了八个月的英语知识后,便开始教我们英语。我跟以前一样,晚上开始朗读英语单词和句子,刚开始母亲以为我在瞎背,说我叽里呱啦地不知在说些什么东西,我给母亲解释说这是外国人的语言,外国人就是这样说话的。母亲还是半信半疑,说外国人跟我们一样都是人,为什么不跟我们说一样的话呢?我无法给母亲解释为什么外国人要说这种语言,只是告诉母亲这是老师布置的作业。母亲一向尊重读书人,尊重教别人知识的先生,也就不再对我的叽里呱啦表示异议。此后,我天天回来读这种叽里呱啦的语言,母亲也终于认可了这是外国人说的话,只是母亲依然想不通,为什么外国人要这样说话,让他们学我们的话不是很好吗?

到了高中,我平时回家都是匆匆忙忙的,只有寒暑假在家里的时间长一些。这时候我经常跟母亲说的就是我的大学梦,说考上大学以后我就要到很远的地方去读书,今后也可能会在很远的地方工作。母亲内心里其实是不希望我到很远的地方去的,母亲经常说只有我一个儿子,如果我在家里,她和父亲帮助我干农活,我会过得很舒服。但母亲也知道,进了重点中学,目标就是考大学,而考取大学就意味着要远离父母。当然,虽然我的梦想是考取大学,但我也可能考不上,所以母亲有时候会对我说:"你不要有太大的压力,不是说非要考上,考不上回来种地,也不会比别人差到哪里去。"我那时总觉得母亲说的话让我有些泄气,但后来想想,这的确是母亲内心真实的想法,而不是安慰我的话。这种想法其实更有利于我放下包袱,轻装上阵。当一个人在面临不可知的未来时，做最好的打算，做最坏的准备，总比只准备一种方案要更加稳妥。

此后的大学和研究生阶段，即便是寒暑假回家，我在家里待的时间越来越少，与母亲的交流也越来越少。工作之后，我成家立业，平时只在电话中与母亲做些简单的交流，直到父母来上海帮我们带孩子。

城市世界的一切已经远远超出了母亲的认知体系，更关键的是，当母亲遇到疑惑的时候，再也不能向她的神灵求助，因为城市的家里没有地方可以焚香烧纸。不过，母亲还是慢慢适应了这种生活，在母亲膜拜的那些神仙的生日时，母亲会对那些神仙说："现在不能焚香，等以后回老家多点一些香，把这几年欠的补回来。"

现在看来，父母从农村世界到城市世界后，我们可能较多关注他们的物质世界，而很少关注他们的精神世界，尤其是那些长期以来支撑他们的信仰体系。我们会想当然地认为那是封建迷信，是应该被革除的东西，但其实那些已经是他们生命的一部分，就像子女也是他们生命的一部分一样。

没有更多时间让我沉浸在回忆中，第二天早晨赶到医院时，姐姐已经等在重症监护室门口了。我去了医生办公室，向主管医生了解母亲的病情。医生介绍说两天的抢救对于母亲的大脑淤血有些改善，但目前还没到病情的高峰，要根据高峰时的情况决定下一步的治疗方案。我问医生像这样在重症监护室大约要待多长时间，医生说估计要十五到二十天，而且，从重症监护室出来以后可能也只能保持目前这种昏迷状态，要想恢复到摔跤前的状态已经不大可能。

我问医生如果从重症监护室转到普通病房会怎样，医生说那可能就只有几天的时间了。

从医生办公室出来后，我把医生说的情况告诉姐姐，我们一起商量，决定把母亲从重症监护室转出来——目前母亲的生命基本上是靠医疗技术维持，如果上天已决定让母亲回去，我们就让母亲在减少痛苦的情况下安静地回去。当然，费用问题也是我们考虑的一个方面，每天住重症监护室的费用是一笔不小的数目，也是无数家庭面临生死抉择的一道绝壁。

我与医生沟通我们商量的结果，医生说可以，他会准备相关材料，我在上面签字就行了。具体转出时间是下午三点，届时我们要等在重症监护室门口，配合护士将母亲转到普通病房。考虑到母亲全身骨折，医生建议我们买充气垫，放在床单下面，这样母亲躺在上面也会舒适一些。我谢过医生，问清楚了买充气垫的具体途径，准备在母亲转出来之前把这些事情都做好。

从父亲去世后我们把母亲送到养老院到现在，我已经有半年多的时间未曾面见母亲，原计划在清明节时回来，没想到疫情让我们足不出户。这中间我也曾在表哥的帮助下定期与母亲视频通话，包括母亲出事的三天前我还与母亲视频通话过，母亲还认识我，能够马上叫出我的名字。事实上，母亲到养老院后，老年痴呆的症状越来越明显，渐渐就记不起许多原本熟悉的人和事了，有时甚至在视频电话中连姐姐也认不出来。不过，母亲总是认得我的，只要表哥到养老院，和我视频通话，我叫几声妈妈后，母亲都会叫出我的名字，然后问我回来没有，吃饭没有，还张罗着要让父亲做饭给我吃，全然不记得父亲已经去了另一个世界。我一边应着母亲的话，一边极力抑制自己的眼泪。这就是母亲，这就是我的母亲。纵然上天已经夺走了她的大部分理智，但她依然记得自己的儿子，记得要让儿子吃饱饭。

如今，那个总是担心我、记挂我的人就要走了，我不知道我们的决定对母亲来说是不是最佳的，我只知道是我的签字让母亲走在了"回去"的路上，这种情与理的煎熬，将折磨我很长时间。

转出重症监护室那天上午十点钟左右，二姑父打电话说已到医院门口，于是我赶紧下去与二姑父会回。母亲摔跤那天，二姑父就已给我打过电话，我回到老家后也曾给二姑父打过电话。二姑父说他要马上赶到医院来，我说："不用，等我们与医生交流后再说。"也告知了他我们与医生交流的时间，二姑父说："那就等你们谈好过来。"我刚与姐姐商议好要将母亲从重症监护室转出来，也确实需要二姑父帮忙一起决策，看看下一步到底该怎么走。

我到一楼大厅时，二姑父和二姑妈已经等在电梯口，我们找了一处相对安静的地方坐下来后，我把与医生交流的情况告知二姑父二姑妈。二姑父说这种情况在老家时有发生，如果确实已经无法抢救，老家的惯例是让病人回家，让病人在家里躺几天后再离开。按照老家的说法，老人从家里离开才记得回家的路，才能找到自己的最终归宿。我请二姑父回去后把我们家收拾好，把准备工作做好,说我们与医生沟通后再确认回家的时间。

送走姑父姑妈,把相关手续办好后,下午三点钟,母亲从重症监护室转了出来,我和姐姐一起上前把母亲移到了准备好的病床上,然后把床推到了普通病房。待护士把相关仪器设备以及需要吊的药水都准备好后,我才能够端详病床上的母亲。母亲的脸色是黑的,右额有一块大的乌青,右手掌上一块皮即将脱落,还在渗血,身上插着鼻饲管,还有导尿管。除了粗重的呼吸,母亲再也不能感知这个世界。我把母亲的手放在我的手掌上,就像小时候母亲把我的小手放在她温暖的手中一样,那时的我,能立刻感受到母爱的暖流,而现在,母亲的手有些冰凉,我用手在母亲的手上摩挲,但感受到的只是寒意,母亲依然平静如初。

护士说母亲晚餐只能通过鼻饲管喂食米汤,于是我去医院餐厅买米汤,顺便帮姐姐把晚饭买好。但餐厅没有单独的米汤,只有稀粥,需要自己从稀粥中把米汤舀出来。我买回粥后用勺子小心翼翼地将米汤舀出来,再去问护士这点米汤够不够,护士说:"可以了,但喂的时候要小心,一旦咳嗽就不要喂了。"

我和姐姐一起把一小杯米汤都喂下去了,母亲没有咳嗽。我问护士是否还要喂一点,护士说:"可以了,现在应该也只有这个量,再说现在还在吊葡萄糖,病人应该是不饿的。"

晚上表哥和表嫂又过来了,从把母亲送到医院以来,表哥夫妇天天晚上过来,一来是把母亲刚到医院时的情况告知我们,二来是与我们一起商议接下来的处置方案。我把上午二姑父讲的情况告诉他们后,表哥表嫂都认为只要老家收拾停当,就可以把母亲转回家，回家以后亲人们过来探视也方便，母亲在这么多亲人的陪护中离开也是一种福报。于是我们商议，待老家房子打扫干净，水电到位，这边医生同意，我们就把母亲接回家。

隔天早晨，我把商议的情况与医生交流，医生也同意了，问我是否把鼻饲管和导尿管带回家去，我说准备带回去。医生说接下来两天是周末休息，问我是今天还是下周一办出院手续。我表示今天就办出院手续。医生表示可以，他会准备好出院小结，等今天计划吊的药水打掉就可以出院了，时间应该是在下午三点以后。

救护车把母亲接回家，一路上我们不停地跟母亲说那些熟悉的地名："黄金堤到了""肖家岭到了""五股叉到了""喻家碑到了"……我们告诉母亲就快到家了。到家后，二姑父和众亲人已经把房子里里外外都收拾干净，家里的空调遥控器找不到了，三姑妈来来回回跑了两次，总算在镇上买到了匹配的遥控器，大房间的空调也已经开好了。我们把母亲抬到大房间的床上，告诉母亲已经到家。

事实上，母亲今年春节期间就一直吵着要回家，还曾试图从养老院走出来，最后总算给护工哄回去了。大年三十这天母亲是由表哥接回舅舅家的，她在舅舅家吃了团年饭，此后几天不断有亲人来养老院给母亲拜年，似乎让母亲关于家的记忆有所复苏。于是那几天她不断对护工说这里不是我的家，我家里还有菜园，我要回去种蔬菜。表哥在电话中与我商量，我们决定取消计划举行的母亲的生日聚会，同时告诉亲人们暂时不要来养老院，这样又过了几天,母亲才算安静下来。

此后几天,白天是我、姐姐和我们的一帮表兄弟姐妹,还有二姑父、二姑妈一起陪护母亲,晚上是姐姐、三姑妈、二婶娘陪护。姐姐她们每天给母亲擦洗,换衣服,喂水,能够感受到母亲的生命力一天比一天弱,但母亲偶尔也能睁开眼睛,还能发出类似叹气的声音。

母亲最终还是在阳光正灿烂的时候离开了我们,母亲怕夜晚的黑暗,她年纪大了以后视力不好,更是不太敢走夜路,但愿这阳光能陪伴母亲回去的路。

母亲给了我生命,教我用善良和温情看待世界,也一直把我当作她最大的骄傲。母亲还在上海的时候,一次我陪父母散步,母亲还对一个经常一起晒太阳的阿姨说,这是我儿子,你看我儿子美吧?把我闹了一个大红脸。

是的,在母亲的心中,在所有母亲的心中,子女总是世界上最优秀的,无论我们是卑微如蝼蚁,还是平凡如草芥。

那就让我们活成最好的自己吧,或许,这就是我们对母亲最好的报答。

三

父母的责任感让他们在跨过城市世界的交通关面前没有碰到太大的障碍。其实,无论是从农村世界到城市世界,还是从地球世界到太空世界,有一份对人对己的责任感,就会主动学习、了解和适应各项规则。

父母来到我们家

家和万事兴。

在父母晚年的生命旅程中,有近十年的时间是与我一起度过的,父母以勤劳、能干、奉献和克制,赢得了我们小家庭的尊重。

父母在老家帮姐姐照看过两个外甥,为了照顾孙女,又历经艰辛来到上海。说历经艰辛是因为父母都晕车,出门远行对他们来说就是一场严重的体力消耗。多年前我们给父母吃过晕车灵之类的药,甚至因为父母信菩萨,我们还带父母去老家的寺庙,求菩萨保佑不要晕车,这些似乎都没有效果,那天父母拜完菩萨回来就在车上吐得一塌糊涂,但这一点也不影响父母对菩萨的信仰。父母对此的解释是:那么多人都去求菩萨,菩萨怎能一个一个都照顾得过来呢!

我和妻子从结婚至女儿一岁多都是住在岳父母家,两位老人付出许多,尤其是妻子产后得了乳腺炎,岳父在照顾妻子月子那段时间，人一下子瘦了五斤，我和妻子时常觉得惭愧。那时候单位还能分房，但分给我们的房子只有一室，面积小不说，地理位置离岳父母家还很远，妻子上下班也不方便。我们开始谋划置换房子，想着有一间大一点的房子，父母可以与我们一起住，让父母来帮忙照看孩子，岳父母也可以轻松一些。当时的上海房价相对于我们的收入来说还可以承受，我们把单位分的小房子卖了，在距离岳父母家相对较近的地方贷款买了一套两室两厅的房子，费了九牛二虎之力把房子装修好，当时正好是春节前一个月左右。想着女儿出生后还没见过爷爷奶奶，我也有几年春节没有回家，便与妻子商量，决定立刻把父母接过来一起住。

父母刚开始很犹豫：一方面是过来就得让家里的房子空关，责任田要找人代管，菜园也要抛荒；另一方面是长期在农村生活，怕适应不了城市生活，尤其是上海这样的国际化大都市的生活，更怕因此增加我们的生活负担。父母说："我们现在还干得动活，不能在你这里闲吃闲喝。"我告诉父母过来不是来享福的，是来给我们帮忙的，否则我们也要花钱请别人来帮助照顾孩子。父母看到他们过来确实能帮我们做事情，就不再犹豫，开始做各种准备工作。

父母的担心不无道理，城市与农村在很大程度上是两个不同的世界，上海是国际化大都市，与其他城市相比又有其独有的城市特质，或者说独有的城市世界。我刚到上海的时候也有一个从看不惯到看得惯，从不理解到理解，从不适应到适应的过程。作为在农村世界、一般的城市世界以及上海这样特有的城市世界都待过的人，我想着可以把我熟悉的情况与父母交流，让父母在总结我的经验教训的基础上，缩短与这个城市世界之间的距离。

父母在堂兄一家人的陪同下先坐车到武汉，再从武汉乘船到上海。堂兄在家乡的政府机关工作，是我在武汉大学上学时认识的本家兄长。堂兄见多识广，下过海南，上过北京，由他们一家人护送父母过来我也很放心。

我到十六铺码头迎接父母和堂兄一家人，记得那天接到父母时已是晚上九点多钟，我叫了出租车，但父母上车没一会儿就开始晕车，我赶忙拿出准备好的塑料袋，让父母吐在塑料袋里。司机见状与我商量是否把窗户打开，觉得冷风吹一吹透透气可能会好一些，但那天天气特别冷，好像最低气温是零下三度，我怕开窗会把人冻感冒，于是我说不要开窗。我调整了计划，原本准备先送堂兄一家人去宾馆，再回我们家，现在看父母吐得这样厉害，决定先一起回家，然后再送堂兄一家人去宾馆。坐小汽车应该是父母进入城市世界后的第一关，这一关我考虑过，但并没找到针对晕车的更好的解决方案。

第二关是换鞋。我们到家后，按照上海的习惯，要把外面穿过的鞋脱掉，换家里的棉拖鞋。我换好鞋后把拖鞋递给父母，父母以为马上要洗脚，都说不换不换，我把情况告诉父母，父母这才把鞋换下来。

说到换鞋，其实这是当时的上海与其他地方不一样的外在表现之一，也可以说是上海的风土人情吧。我在武汉上学时，去武汉的亲戚家，或者去武汉的同学家里玩，大家都是穿着外面的鞋子在家里走来走去，不用换鞋，当然可能客人离开后主人会用拖把把家里拖一下。我到上海后去同学家，就发现大家都是到门口换鞋，后来条件好一些以后是在门口穿上鞋套，总归是更加注意卫生。也有人很不习惯，我就有同学说以后再也不去上海人家里做客了。我刚开始也不习惯，但觉得这是一种讲究卫生的好方式，于是也入乡随俗了。后来我曾与很多在海外生活过的朋友交流，他们说国外很多城市也是这样，说这是一种良好的生活方式。

第三关是洗手。我们从外面回家后，一般会先用肥皂或者是洗洁剂把手洗干净，然后再碰家里的东西。父母在老家时虽然也爱干净，但从外面回来并不会洗手，除非是因为干活手上黏着泥巴。父母来了我家后，我开好热水，让父母用肥皂把手洗干净。

第四关是上厕所。我们老家那边是蹲厕，上海这边是坐厕，我告诉父母如何使用厕所，看得出父母很担心，怕自己用不好，也怕自己用不习惯。

第五关是洗澡。父母在老家是用木盆放水洗澡，上海这边是在淋浴房洗澡。当时的热水器以及水龙头不像现在这样便利，还需要自己调节热水和冷水的开关。我告诉父母如何使用，然后就帮他们打开浴霸，准备让父亲先洗，洗好后再让母亲洗，同时我把给他们的毛巾也准备好了。

等我送堂兄一家人去宾馆回来后，发现父母还在客厅里等我。母亲见了我，说我们这里太豪华了，他们不习惯，准备住几天后就与堂兄他们一起回去。我惊讶于母亲能够说出"豪华"这样的词，说没关系的，住几天就习惯了。看着时间已过十二点，我让父母漱口后去小房间休息，同时留着客厅和卫生间的灯，怕他们晚上起夜黑灯瞎火不方便。

第二天早晨我六点多起来，发现父母都已经起床。父亲告诉我，说他们确实有很多不适应的地方，但既然来了，还是准备慢慢适应起来，实在不行再说。我说会适应的。父亲识字，看电器上面的字就知道怎么用了，会用以后他会再教母亲。我打开热水器，让父母洗漱，同时教父亲如何开关热水器。父亲尝试了一下，发现也不复杂，说就是怕弄坏，否则起床之后他就开热水器了。

我一边准备早饭，一边教父亲如何使用煤气灶，看来这使用煤气灶和脱排油烟机就是父母适应城市世界的第六关。我们老家都是用木柴或者稻草烧大灶，而且家里烧饭由母亲主理，父亲平时搭手不多，只在逢年过节或者有客人过来时才帮帮忙。父亲试着打开煤气灶，学会了如何开大火和小火。母亲在旁边看，说她害怕，不敢用这么高级的东西。

这时女儿起来了，昨天晚上父母到家时已近十点，妻子已哄女儿睡着，所以父母直到早晨才看见孙女。

女儿这时正是牙牙学语的年纪，已经会叫爸爸妈妈，但还不会叫爷爷奶奶。父亲看到孙女就想抱起来，但女儿怯怯地，有点不太情愿。我和妻子在旁边说，这是爷爷，让爷爷抱抱。女儿这才让父亲抱起来。也许是血缘的自然亲近，女儿很快就与爷爷奶奶熟络起来。

第七关是饮食关。父母在老家时一日三餐都吃米饭，冬天有时早餐吃糍粑，而我们这里早餐吃稀饭、包子、馒头和鸡蛋，我怕父母吃不饱，特意多蒸了一些馒头，还准备了一些面包。父母每样点心都吃了一点，说味道还不错，能吃饱。

第八关是上下楼梯关。我们当时的房子在五楼，那时年轻，买房子时不会考虑爬楼梯问题。而我们的家乡是平原水乡，父母在平地上健步如飞，但爬起楼梯来显得有些吃力。我让父母扶着楼梯旁边的栏杆慢慢上下，好在因为是新房子，加上每天有人擦洗，楼梯的扶栏还比较干净，也比较结实。

第九关是认门关。农村的房子家家户户都有点特色，城市里的房子却是一个模子刻出来的，不能根据房屋的特色来区分，只能根据门牌号码来识别。我告诉父母我家的门牌号码，也把写着门牌号码的字条放在父亲的口袋里，以备不时之需。

因为还要陪堂兄一家在上海逛逛，父母来的第一天白天，我都在外面。等我傍晚回家时，发现女儿已与爷爷奶奶非常熟悉，正在用她学到的老家话与我打招呼。

此后几天，父母渐渐适应我们这边的生活，父亲看到我们天天早出晚归，主动提出来要学做饭帮我们减轻压力。于是妻子给父亲讲了做饭做菜要注意的事项，父亲基本上一学就会。等堂兄一家启程回家时，父亲已经能上手厨房的不少事情了。

父母过来后，我们自然感觉轻松了许多，基本上是父亲负责烧饭烧菜，母亲负责照看小孩和洗衣服。这段时间应该也是父母最为舒心的日子，他们常常是把家里的事情忙完后，就带女儿到小区的空地上玩。小区有好几个女儿的同龄人，一帮小东西在一起自来熟，父母也尝试着与那些外公外婆或者爷爷奶奶交流，发现好多人也都是像他们一样从外地过来的，这也让他们增添了一些适应城市世界的信心。

这段时间比较麻烦的大概就是女儿睡觉的事。

不知道小孩子睡觉是否都这样，反正我们家这丫头睡觉总是呈投降状，两只小手总是露在外面。为此，我们买了睡袋，还在睡袋的两边缝好纽扣，把女儿放进睡袋后，再把纽扣扣好，期冀她能在睡袋里睡一个安稳觉。但我们发现，女儿的两只小手能够神奇地穿越睡袋的缝隙，依然大大咧咧地露在外面。这样时间一长，我们怕她感冒生病，女儿一旦生病又是一项"大工程"。

父亲提出晚上由他和母亲来带孙女，两个人可以轮流休息，一个上半夜一个下半夜，这样可以彻夜看着，不会让小家伙把手伸出来。我刚开始不同意，觉得这样父母太累，但父亲说他们年纪大了，反正也没多少瞌睡，于是我同意让父母试试看。

这样试了几个晚上，女儿睡觉的问题总算解决了。这时候父母已经完全熟悉各种家具的使用方法，也已经承包我们家里的很多家务活，我担心这样下去父母的身体吃不消，于是建议父母下午哄女儿睡觉的时候，自己也休息一下。父亲刚开始说不累，说他们从来没有午休的习惯，但我很坚持，父母也就休息了一会儿。

好像父母过来就是帮助我们解决问题的，女儿睡觉的问题刚解决，吃饭的问题又冒出来了。

女儿两岁多后，我们开始让她与大人一起吃饭，刚开始吃饭女儿总归会弄得桌上、身上到处都是。其实我们小时候在农村世界也是这样吃的，只不过我们吃饭的时候旁边还有一群鸡"侍候"着,基本上是我们吃一半,落在地上给鸡吃一半,甚至因为人小,饭碗拿得低,鸡也会与我们一起共享碗中的饭菜。但城市里没有鸡,女儿浪费掉的饭菜就成了垃圾,我们也教她正确使用勺子的方法,但收效甚微。

父亲提出由他给女儿喂饭,妻子刚开始不同意,觉得应该让小孩子自己吃饭,说幼儿园老师是不会喂饭的,现在不学会自己吃饭以后到了幼儿园会成问题,父亲也没坚持。但后来发现女儿实在吃得太慢了,我们都已经吃完了,甚至碗都已经洗好了,女儿的一碗饭还没动多少。

我们也想过一些办法,比方说吃饭之前不再让女儿吃水果和零食,白天除了喝牛奶之外也不再喝其他东西,但女儿的吃饭速度依然没有什么提升,就好像每次吃饭时她根本就不饿似的。事实上,女儿刚出生几个月时就有这个问题了,一百二十毫升的牛奶,她常常喝着喝着就不喝了,或者是喝着喝着就睡着了,以至于她偶尔把一瓶牛奶全部喝完,我们会觉得是一件很开心的事。

父亲再次提出来给女儿喂饭,这时我们都同意了。刚开始喂饭时,大概女儿也觉得新鲜,还吃得津津有味,后来又有问题了。

首先是女儿吃饭的时间越来越长,最长的时候一顿饭要吃近一小时。冬天饭菜很快就冷了,还好有微波炉,于是我们一遍一遍地用微波炉热饭,在微波炉的高温下,饭菜的营养都流失了。

其次是哄女儿吃饭的花样越来越多。刚开始是在桌上喂饭,后来发展到要看电视喂饭,在我们坚决反对一边看电视一边吃饭之后,又冒出来给布娃娃喂饭,两个布娃娃加上女儿"三人"一人一口饭,这样"三个人"抢着吃才能把一碗饭吃完。

还出过一些小事故。往往饭菜刚准备好时,父亲还记得今天吃什么菜,有什么要注意的。时间一长,父亲的主要精力就不在饭菜上,而是在女儿怎么把饭菜吃下去的问题上,以至于发生了鱼刺卡喉咙的事情。

那天我在上班的路上接到父亲的电话,父亲一边说一边哭,原来是他给女儿喂饭时,没注意到鱼刺,女儿把鱼刺吃进去,卡在喉咙里了,疼得直哭。我因为回来不方便,于是给妻子打电话。妻子接到电话后火速叫车回家,然后带上女儿去医院,医生三下五除二就把鱼刺给取出来了。鱼刺取出来后,妻子赶快给父亲打电话,父亲说他和母亲一直在家里哭呢。

鱼刺事件促使我们一起反思喂饭的弊端,我们一起努力,终于让女儿在上幼儿园中班的时候适应了自己吃饭,从此也把父母从冗长的喂饭事务中解脱出来。

父母还会在家里与女儿玩游戏。上幼儿园前,女儿最喜欢与父母玩的游戏是唐僧骑马。那时女儿在电视里看《西游记》,她最喜欢唐僧,觉得唐僧很有本事,紧箍咒一念就让神通广大的孙悟空无可奈何,尤其喜欢唐僧骑在白马上威风凛凛的样子。不知是女儿想出来的,还是父母想出来的,我们家里有个小沙发,是很软的那种,叠着是沙发,放平则是个小床,分量也不重。父亲把这个小沙发横过来,让女儿坐在上面,女儿戴上一位老爷爷送的新疆瓜皮帽,披着一个大披风作袈裟,在上面扮唐僧。母亲在前面拉沙发,父亲则拿着买来的塑料金箍棒扮孙悟空,三个人从大房间游到客厅,又从客厅游到小房间。有时候女儿嫌母亲力气不够大,拉得不够快,会让父亲在前面拉沙发,母亲则在旁边扮孙悟空。父亲会拉得沙发一起一伏,就像马在外面奔跑的样子,女儿觉得特别开心。尽管一通游戏下来,父母也会有些累,但看到孙女开心得哇哇叫,他们也乐此不疲。

上幼儿园后,女儿最喜欢与父母玩的游戏是"上课当老师"。吃罢晚饭,女儿会让我们都坐在沙发上,她则拿着本子煞有介事地在那里讲课。有时候爷爷奶奶觉得很有趣,会在那里笑,这时候女儿会批评爷爷奶奶,说"爷爷同学、奶奶同学,上课不准笑"。听她这么一说,爷爷奶奶笑得更厉害了。女儿则模仿老师的腔调,说"你们再笑我要让你们站起来了"。上完课后,女儿还会问我们:"今天老师讲的课你们都听懂了没有?"爷爷会说听懂了,如果有时候说没听懂,女儿就会把所谓的上课内容再讲一遍,然后再问听懂了没有。爷爷有时逗她,说"老师我很笨,还是没听懂"。这时女儿会说,"爷爷真是个笨同学",又把爷爷奶奶逗得哈哈大笑。

爷爷奶奶、外公外婆,或者说是祖辈带孩子,基本上都是隔代亲,对孩子总归会宠溺一些。祖辈的教育理念、教育方式与我们这辈总归会有一些冲突,因为这种冲突而引发的家庭矛盾不在少数,甚至有的家庭矛盾会演化成家庭悲剧。不过在我们家,父母,主要是父亲,以他的奉献精神赢得了我们小家庭的尊重,我们之间没有因为隔代亲的问题产生隔阂。

上海的家庭治理模式是丈母娘领导下的女婿负责制,在小家庭,就是老婆领导下的老公负责制,我们家当然也不例外。如果说有点特色的话，那就是老婆领导下的老公不负责制，因为我干家务活的能力不强、水平不高，实际上妻子才是里里外外的一把手。在教育孩子的问题上，也是以妻子的想法为主。作为受过高等教育的城市女性，妻子的教育理念、教育方式显然与父母的不一样，但父亲秉持尊重读书人的一贯理念，尊重媳妇的教育方式，一切以我们给女儿立的规矩为准，一切以我们的想法为准，绝不因为他们与孩子在一起的时候多，就用他们的规矩来替代我们的规矩。当然，不是说我们的理念、方式就一定很好，而是说对孩子不能有多重规矩，否则孩子会无所适从。

女儿五岁时，外婆给女儿买了钢琴，我们也找了钢琴老师，由妻子陪着女儿去老师家里学习，学好以后再回到家里练习。女儿到老师家学琴的频率大约是每周一次，每次一小时。我们培养女儿学琴的目的应该与大多数家长一样，不是希望女儿以后成为钢琴家，而是希望她具备一定的音乐素养，做一个有生活情趣的人。尽管我们的期望值不高，但既然学了，总归希望她能一步一步考级，而要考级，就得天天练，每天都需要花费一定时间，这对于习惯了在家里玩游戏的女儿来说，确实是一种考验。

大概爱玩是孩子的天性，每次我要求女儿去弹钢琴，女儿都老大不情愿。她弹一会后，就说弹好了，要休息。但女儿骗得了我们，骗不了她妈妈，妈妈知道她还有和弦没弹出来，于是让她继续坐在琴凳上练习。女儿没练一会，又不弹了，妈妈不让，如此反复两次，女儿开始搬救兵。她知道爷爷最疼她，想找爷爷求救，就哭着叫爷爷。

父亲一直坐在沙发上听女儿练琴,听到女儿叫爷爷,赶紧走过来,但他看到她妈妈板着脸坐在旁边,知道这时候不能帮腔,只是说"宝宝弹得很好听,爷爷一直在外面听"。女儿看救兵不帮忙,只能继续弹。就这样,女儿从不适应到适应,从适应到有点喜欢,终于在小学毕业时考出了钢琴八级,这当然不是什么值得炫耀的成绩,但这是女儿一段时间付出的证明。

上海的小朋友从幼儿园开始就学习英语,为了不让孩子输在起跑线上,很多家长从幼儿园开始就让孩子在外面的培训机构学英语。这既增加了家长的开销,也要花费家长的很多精力。我们家因为孩子妈妈就是英语专业毕业的,职业也是高中英语老师,就没让女儿在外面的培训机构学英语,而是由孩子妈妈在家里教。她妈妈认为学英语是这样的:不需要花很多时间来学习,但每天都要花一点时间来练练口语、背背单词,而且这个时间不一定是正儿八经的专门的学习时间,花一点碎片时间就行。于是,孩子妈妈常常会在饭前,在等待大家一起坐过来的时候,或者是做一件什么事情的间隙,让女儿把前一天学过的口语、背过的单词,再说一说、背一背,顺便再教她一点新的口语或单词。

可女儿有时可能正在玩的兴头上,有时可能就是偷懒不想说,被她妈妈问了几次,回答不出来,眼泪就开始在眼眶里打转,而她妈妈的声音也开始变大。每当看到这种情况时,父亲总是欲言又止,既想宝贝一下孙女儿,又知道孩子妈妈是对的,要按照孩子妈妈说的做。女儿从此知道爷爷不会是自己的救兵,开始老老实实地按照妈妈的要求做,而且也确实取得了成效,从小到大女儿的英语成绩都名列前茅。

父亲在老家时会抽烟，也会喝酒，当然，他抽烟不厉害，喝酒不酗酒。我们老家有那种抽烟很厉害的人，每天起来后要抽一包烟，抽好烟后才出去干活。还有喝酒很厉害的人，每次不喝到酩酊大醉不罢休，小时候经常看的闹剧就是有人喝醉酒了在那里耍酒疯。印象中父亲从来没有喝醉过，不是父亲的酒量有多大，而是父亲知道自己几斤几两，从来不会喝到过量，以至于影响家人，耽误做事。到我们家后，父亲没带香烟过来，我因为自己不抽烟，家里没有香烟，父亲也没有提过香烟的事便忘了这事。直到有一天我想起来，父亲是能抽烟的，于是我对父亲说，我去买香烟，可以在外面抽烟，不要当着孩子的面抽烟。父亲说他知道抽烟对自己不好，对孩子更不好，来我们这里就已做好不抽烟的准备，这段时间试下来，发现不抽烟没一点问题，打算就此把香烟戒掉。我见父亲态度很坚决，也没有坚持，父亲果然就此戒掉了抽烟。

父亲以往也不是每天都喝酒，只是偶尔在晚上喝一小杯。我们会给父亲准备一些白酒，也会让父亲尝试一下上海这边的黄酒，还有红酒。父亲喝酒时，女儿会要求给父亲倒酒，有时父亲忘记了，自己倒好了酒，女儿还不依不饶，一定要让她再倒一点儿父亲才能喝。

女儿上幼儿园中班的时候，一天从学校回来我们发现她打不起精神，以为是在幼儿园玩得太累的缘故，也没给她量体温。可到了晚上吃饭时女儿又说不想吃，这时我们才想到她是不是生病了，于是拿出温度计给她量了体温，看看三十七度多，也不算太高。我们判断可能就是一般感冒，于是我和妻子商量就到附近的一家二级医院去看看，认为反正就是配一些药，在哪里看都差不多。另外此时也是上下班高峰期，如果去最近的三甲医院，不仅路上要花很长时间，到了之后排队还要很长时间，我们认为有点不太划算。

我们很快就到了二级医院，看急症的人不多，医生听了听肺，说还是拍个片子吧，有可能是肺炎。我们大吃一惊，按照医生的要求去拍片，拍好后给医生看，医生确诊是肺炎，需要住院治疗。

按照我们平常的想法，像这种需要住院治疗的情况，肯定要去三甲医院，离我们家最近的三甲医院小儿科差不多是上海最好的，但那天我们俩可能是被肺炎吓到了，只希望女儿能够尽快用上药，能够早日消除病魔。我们决定就在这里住院治疗，我去办相关手续，同时告知父母说女儿是肺炎，要住院。

我和妻子商量由我在这里陪夜，等女儿开始吊水后，妻子回去帮我们拿一些换洗衣物及其他必需品过来，这时尽管女儿昏昏沉沉的，但还记得告诉我们要把其中一个布娃娃带过来。

这里的儿科病房好像人不多，我们到了病房后，三个床铺的房间只有我们一家，妻子见女儿已经开始吊水，好像人也精神了一些，于是便回家去拿东西，我则留在这里陪护女儿。

大概就是女儿吊完一瓶水的工夫，妻子回来了，而且，父亲也来了。妻子说回去之后父亲已经做好了准备，说我们第二天还要上班,还是他留在医院陪夜为好。妻子拗不过父亲,就让父亲一起过来了,说到医院后让我和父亲商量再定。当时妻子带着大包小包,也确实需要父亲帮忙一起拿过来。

我对父亲说还是我在这里陪夜,父亲说我留下也行,反正他肯定会在这里。女儿见爷爷过来,似乎也很开心。于是妻子先回家,我和父亲都留在了医院。

几瓶水都吊完后,护士说可以休息了。父亲见不需要再与医生和护士打交道,就对我说,反正现在只是陪女儿休息,他一个人留下来就行了。我看女儿昏昏沉沉得像要睡着的样子,就说我明天早晨在医生查房前再过来,万一女儿晚上特别不舒服,就请父亲去找护士。走之前我跟女儿说再见,发现女儿确实睡着了。

第二天早晨我和妻子都过来了,我已请好假,准备白天在医院照护女儿,让父亲回去休息。护士早晨给女儿量体温,发现已近三十九度,过了一会儿,医生过来查房,说今天要用消炎药,问我们是用红霉素还是阿奇霉素,说两者效果一样,但红霉素可以报销,阿奇霉素不能报销。我们当时也不懂,说还是请医生根据女儿的病情决定吧,医生说那就用红霉素。

现在看来,我们当时是对医院的行规不了解,把决定权交给了医生,这样医生就只能在医疗保障的范围内开药。后来我听卫生系统的朋友讲,当时医疗保障范围内的药物品种不是很多,主要为了控制普通患者的医疗费用。医生让我们选择其实是希望我们能够选择阿奇霉素,因为这个药是自费的,且相对来说效果好一些,但我们没有领会医生的意思,又把问题还给了医生,医生就只能帮我们选择红霉素,他是断不能帮我们选择自费药的。我们的这个选择让女儿吃足了苦头，本来说三天吊水后应该就可把炎症控制住，结果第二天女儿开始呕吐，而且是那种要把黄胆汁都吐干净的彻底的呕吐，我在旁边看着心都碎了。医生看了后说应该是用药的问题，要停掉红霉素用阿奇霉素。父亲白天在家里其实也不能休息，因为还要准备晚饭。当我们把女儿呕吐的情况电话告知父亲时，父亲在电话中就哭了起来。我安慰父亲说要相信医生，父亲说就是心疼孙女吃了这么大苦头，我说换药以后会好的。

换药以后女儿果然一天比一天好转，我们提出来是否先出院，晚上住在家里，白天再过来打针，医生说可以的，于是我去办好了手续，与妻子一起带着女儿回家。我们想这样既能让女儿晚上睡得更舒服一些，也可以省去父亲来回跑的陪夜。

女儿生病住院也牵动了班主任老师和负责卫生的张老师的心，她们不仅电话问候，还来医院探望女儿，并带来全班小朋友的祝福。父亲说上海这边的老师就是好，真是"人从书里乖"，就是人因为读书而变得聪明的意思，我们也为幼儿园老师的爱心所感动。

女儿这次生病也让我们得出一个结论，还是要去三甲医院看病，尤其是涉及住院治疗的病。三甲医院的医生看的病人多，不管是对病情的判断，还是用药，都应该更加专业。此后女儿生病基本上都是去儿童医院，路上距离是远了一些，排队等候的时间是长了一些（最长的一次发现前面有二百多个号），但我们更相信这些特色医院的水平。当然，事情也不能绝对化。一次我们带女儿去看病，就看到一个妈妈带着一个比我还高的儿子排在我们前面，可能因为小伙子有点不修边幅，看上去比实际年龄要大，于是医生问小伙子孩子在哪里，小伙子说就在这里呀，医生满腹狐疑，大概觉得看上去二十多岁的人不应该来儿童医院看病，小伙子妈妈说从小到大都在这里看毛病，看习惯了，医生也只能苦笑。

小孩子大概是生一次病就娇一次，女儿恢复健康后，她妈妈就说要恢复弹钢琴和学英语，但女儿老大不乐意，一副我刚刚好你就要折磨我的架势。父亲也过来说要听妈妈的话，多学习一些知识，并用幼儿园老师的知书达礼来为女儿树立榜样。女儿见救兵不帮忙，也就答应恢复这两个学习项目，但她提出自己毕竟是生过病的人，每次的学习时间要比以前缩短，还要增加中途休息的时间，我们也是哭笑不得。

父母在城市世界的入门关算是过去了，但其实还有很多关卡需要父母一个一个跨越，幸运的是父母有勇气与我们一起克服这些困难，陪伴女儿一天天长大。

面对饮食关：湖北的咸辣风与上海的清淡味

民以食为天。

总体而言，我们老家与上海都是南方，所以在主食上没什么差别，都是吃米饭。不像南方人到北方，或是北方人到南方，为了主食是米饭还是面食会产生很多纠结。不过，老家湖北与上海在口味上有一个很大的区别，湖北做菜偏辣偏咸，有一个说法是湖北人不怕辣，江西人辣不怕，湖南人怕不辣，但一遇到四川人的又麻又辣，都甘拜下风。上海做菜偏清淡，即便是浓油赤酱，也会加入一些白糖，让本来厚重的口味变得温和甘甜。

父母到我们家后，尤其是父亲开始掌勺后，父母的口味如何与我们的口味协调，开始成为一件需要沟通的事，父母进入上海城市世界后的饮食关之难开始若隐若现。其实，不同的地域文化造就不同的饮食嗜好。在同一地域内，不同的民族、不同的职业、不同的收入也有不同的饮食追求。现在常说的八大菜系，就是地域文化在饮食方面的具体体现，上海的臭豆腐、安徽的臭鳜鱼,这些在当地耳熟能详的小吃,换一个地方可能就会被当作垃圾扔掉。我在建筑工地挂职时,下班后会到工友的宿舍聊天,一方面算是做点小小的调查,另一方面也是躲避下班高峰期的拥挤。工友们告诉我,他们老家大多是云南、贵州、四川这些口味偏辣的地方,说在上海最不习惯的就是饮食,他们干体力活的就是喜欢吃点重口味的大鱼大肉,但食堂里的鱼肉味道清淡,吃上去总是不得劲。他们希望我能跟食堂说一下,在菜的味道上有所改进。我后来在业主例会和项目部例会上也提过,他们说会督促食堂做些调整,后来也确实有所改善。

  先说说我的口味。用我老乡的话说,我是湖北口味的"叛徒",其实,我这个"叛徒"也是一步一步蜕变而来的。刚到复旦读书时,觉得食堂的菜没什么味道,我们几个湖北过来的同学会去买一瓶麻辣酱,从食堂把饭菜打回来后,把麻辣酱拌在菜里,这样才能把饭吃下去。后来慢慢地,我开始适应食堂的饭菜,但心里念着的还是那一口辣,于是每过一段时间会与几个老乡跑到周边的湖南菜馆去打打牙祭,或者是到南区的公用煤气灶炒几个货真价实的家乡菜。工作后在单位食堂吃饭,好像也就慢慢适应这种相对清淡的口味了。结婚后两年多的时间,我住在岳父母家,岳父问我是否要吃辣的菜,我说口味已经变过来了,于是我们一起吃着清淡的上海风味,直到有了自己的小家后,我再次碰上湖北风味。

  当然,不是父亲要用湖北风味改造我们,事实上父亲知道我们,尤其知道我妻子不吃辣,他做菜时不放辣椒。然而他和母亲要放弃相伴了六十年的口味其实很困难,所以刚开始时,父母吃饭都不多，至少没到我认为的他们的饭量。

　　我从一开始就注意到了这个问题，我的解决方案就是买一些有辣味的菜，如酱萝卜、大头菜等，与清淡的菜一起吃。但这好像也有一些问题，父母每顿只吃这些酱菜，或者再加上一些青菜，很少吃荤菜。我看这样不行，于是对父亲说我们是不是可以把菜分两批烧，差不多好的时候先盛起来一些，剩下的再拌上辣椒酱炒一炒。父亲试验过，但也有问题，就是我们为了每次把菜吃完，尽量不留剩菜，每次做菜的量都不是很大，而在菜量都不多的情况下，还要分两批炒，确实有些麻烦。我后来提出不需要每个菜都按两种口味烧，选择一荤一素两个菜放些辣椒酱就行。父亲也试验过，但由于用辣椒酱炒出来的菜肯定就只有父母吃，所以父亲每次扒拉出来的菜都不多。这让我觉得父亲在口味上是迁就我们多一点，委屈自己多一点。

　　口味上的差异还是显性的，在一家人的饮食问题上，还有很多隐性的差异，这种差异其实还是农村世界与上海城市世界两种不同文化的映射，以及两种不同经济收入的映射。

　　首先是买什么菜。我们老家是江南水乡，有水的地方就有鱼，因为鱼的易得性，在老家吃鱼不算稀罕事，所以有客人来了，会用家里的腊肉招待，或者是去买点肉，主人招呼客人吃菜，也是请客人多吃肉，多吃肉用老家的话就是"多吃菜"。父亲负责买菜后，刚开始也是以肉食为主，以淡水鱼为主。上海城市世界走出物质匮乏年代后，饮食的追求不再是吃饱，而变成健康，甚至以减肥为目标。基本上我们家里的荤菜是以白肉为主，即多买鱼、虾、蟹，少买红肉，即使买红肉也是牛肉、羊肉和猪肉并重，有的家庭有小朋友，可能会买更多牛肉，据说牛肉更有利于发育阶段的小朋友。同时，上海以吃海鱼为主，吃河鱼为辅。我们把这些差异告诉父亲后，父亲说就按我们的要求来买菜，还说上海有些鱼比老家还便宜，像鲤鱼、青鱼这些鱼在老家被称为"上色鱼"，在逢年过节时价格都比较贵，而在上海，大家买海鱼多，这些淡水鱼反而不受待见。

其次是买多少菜。菜场里常见的推销方式就是买得越多越便宜，这是所有商品推销的共性，无论是在老家，还是在上海。但买得多一下子吃不掉，坏掉以后扔掉，这样算算其实与少买一点、价格贵一点相差不多。父亲刚买菜时会选择价格便宜的这一款，但后来发现买多了也吃不掉，就自然而然买得少了一些，尽管这样看上去价格会贵一点。

再次是做多少菜。老家盛菜的碗大，菜的量也足：一方面与蔬菜是自己菜园里种的菜，不需要花钱有关；另一方面，父母在老家干的是体力活，自然胃口好一些，吃得也会多一些。不仅是在老家，在武汉也是这样，武汉餐馆里的菜也是量大面广。我刚到上海时，发现上海餐厅的鱼香肉丝比武汉便宜——武汉当时是五元一份，复旦周边的小餐厅是三元五角一份，觉得很诧异。但菜端上来后就发现，这个三元五角的菜量几乎只有五元菜的二分之一，所以我后来总结：在上海餐厅吃饭要多点几个菜才能像模像样。在上海的家里做菜，讲究品种要丰富一些，而且最好一顿或者最多一天吃光，这样每次菜的量就不能太大。父亲也慢慢明白了其中的差别，他做的菜品种多了，但每份的菜量都少了。

从次是如何配菜。除了西红柿炒鸡蛋是全国通用的绝配之外，蔬菜与蔬菜之间的搭配，蔬菜与荤菜之间的搭配，荤菜与荤菜之间的搭配，各个地方也都有特色。我们老家喜欢用红辣椒炒鸡蛋，喜欢在鱼里面放上青椒或者是萝卜丝，喜欢在肉里面放上咸菜，基本上都是重口味的搭配。上海则会用莴笋丝炒鸡蛋，会把剥好壳的熟鸡蛋与肉一起红烧，会用西芹配百合，基本上都是清淡口味的搭配。父亲会与我们交流如何配菜后再去买，尽量让配菜也符合我们的口味。

最后是烧多少饭。老家烧饭总归会将米放得多一些，基本上是早晨把一天的饭烧好，中午和晚上吃剩饭，也有早饭少烧一些，晚上再烧饭的。但不管怎么说，老家烧饭是"粗放经营"，剩饭有专门的容器装，实在吃不下还可以给鸡吃，给猪吃。而上海烧饭是"精细化管理"，基本上是正好每顿吃完，不会留剩饭。这样就要求父亲对我们五个人每顿能够吃多少有一个判断，根据我们的食量来烧饭。父亲尝试了几次，终于找到了其中的诀窍。

如果说在饮食涉及的口味、品种、数量、配菜以及价格方面，父亲与我们有一些差异，需要沟通后协调一致的话，那么在同等价格的情况下，怎样找到最合适或者是口感最好的菜，父亲就比我们在行了，毕竟父亲常年在家里帮助母亲种菜，对老家和上海都有的菜的好坏，比我们更加了解。

父亲会教我们如何辨识绿叶菜，如何买藕，如何买青椒，如何买豆腐，以及如何买鱼，甚至如何买肉，这些应该都是父亲在日常生活中总结出来的常识，当然也与每个人自己的喜好有关。

比方说父亲喜欢吃藕，尤其是那种嫩嫩脆脆的藕，父亲在老家时喜欢把这种藕洗干净后切成小块，放在辣椒酱坛子里腌，过一段时间后取出来当菜吃。在上海买藕时，父亲会建议我们挑藕中的藕尖，这样的藕炒出来很脆，确实口感很好。但如果是烧藕汤，这样的藕就不合适，一定要选藕中间的粗壮的主干，这样烧出的藕才酥。

说到莲藕，既是父亲最熟悉的食材，也曾让父亲纠结，因为藕有不同的品种。老家的藕烧出来之后粉粉酥酥的，丝还特别多，所谓藕断丝连，我觉得说的一定是我们老家的藕。而上海的菜场里有时会有另外一种藕，外观差不多，但怎么也烧不酥。一天晚上吃饭的时候，父亲说今天的藕没烧好，烧了半天也没酥，建议我们不要吃，他和母亲吃掉算了。我尝了一下，发现就是那种烧不酥的藕。于是我对父亲说，这种藕烧不酥是品种原因，不是没烧好，后来我们一起把藕吃掉了。

父亲在如何烧菜的问题上会用心琢磨，也能烧一些色香味俱佳的菜。父亲烧的鱼卖相很好，两边的鱼皮都不破，出锅后父亲会撒上一些葱花，再放点辣酱做点缀，这样看上去红红绿绿的却又不辣。父亲烧的蚕豆炒鸡蛋也可圈可点，一粒一粒蚕豆很饱满，父亲说蚕豆爆炒时要放点水，这样蚕豆就不至于起爆。父亲还经常与母亲一起做肉丸子和豆腐丸子，加入红枣和木耳煨汤，我们一家都很喜欢吃。

慢慢地，父母进入城市世界后的饮食关基本上过去了。这里有农村世界的粗放与城市世界的精细之间的冲突，父亲认同了这种精细的好处，也心甘情愿地接受了这种精细化的操作：有不同地域之间口味的差异，我们与父母口味的融合实际上是以父母的迁就为代价的；有不同收入、不同职业间的饮食差异，在这一点上父亲放弃了他的收入和职业带给他的影响，而完全站在我们的角度作出取舍。父母在饮食问题上的认同、放弃、保留以及主动的变化，其实也是社会融合的具体体现。

父母从农业文明进入工业文明，从农村世界进入城市世界，肯定会有保留，有放弃，但前提是认同，结果是积极主动的变化。如果不学着接纳新的文明与新的世界的规则，坚持一切都是老家的好，一切都是原来的好，以"不变应万变"，应该也会成为那种"装在套子里的人"。

父母到我们家后，我和妻子上班前常叮嘱父母和女儿白天多吃水果，妻子会准备苹果、梨、橙子、香蕉等几乎每个季节都会有的水果，也会准备一些季节性的水果，如夏天的西瓜、秋天的橘子、冬天的冬枣和春天的草莓。父母大概觉得这些时令水果比较贵，因为以前在老家不仅很少吃到，甚至很少看到，他们一般只给女儿吃，只有晚上我们一起吃时他们才愿意吃一些。

父母在老家时也会吃一些水果，因为地域关系，老家的瓜果和上海有很大的差异。老家的夏天有桃，本来是那种小小的桃，比较甜，后来二叔不知从哪里弄来了新的品种，种在屋前，好像还用了嫁接的技术，第一年就结了好多又大又甜的桃，二叔会分给我们一些。还有家家户户都种的菜瓜，这种瓜不必单独找地方栽种，只需要在辣椒、茄子等蔬菜地的间隙播种，几个月后就会长出一个个又大又甜的瓜来。夏天的夜晚,我们一边乘凉,一边吃菜瓜,也算是当时贫困年代的一种享受。秋天有柚子和柑橘,冬天有甘蔗,围着火塘吃甘蔗是我们对冬天的记忆。像苹果、梨和香蕉这些水果,在20世纪80年代我们乡下几乎看不到,我上大学时才第一次吃到苹果,是两位叔叔在县城买了送给我的,说让我在船上吃。大约在20世纪90年代,这些水果也开始在乡下销售,但一般人不会买了自己吃,而是作为走亲访友的礼物,或者是探望病人的礼物。我们对父母说这些水果在上海这样的城市里几乎是家家必备的,父母也认识到这是农村世界和城市世界的差距。

如果说在饮食问题上有什么是父亲特别能适应的,主食上一定是八宝饭,点心上一定是蛋糕。

父母刚来的那个春节,我们在自己家里吃年夜饭。按照上海的习俗,我们会买上几盒八宝饭,作为团年饭的主食。我怕父母吃不习惯,还是烧了一点饭。那天是我妻子做主厨,父亲和我当助手,我们准备了一些冷菜,又炒了几个热菜,比平时要丰盛一些。轮到吃八宝饭时,我给父亲介绍说这里面有圆糯米、糖、红枣、葡萄干、贡枣、枸杞、猪油和红豆沙八种料,所以称为"八宝饭"。父亲尝了一口,连说好吃,我看到父亲对这种他以前没吃过的食品如此喜欢,就说那就多吃一些,我们还有,喜欢的话还可以再蒸一盒。那天因为还有饭,父亲不想把饭剩下来,就说不要再蒸了,我们把这点吃完就行。事后母亲告诉我,父亲对这个八宝饭喜欢得不得了,说没想到糯米还能这样做。不过,考虑到父亲现在不像在老家需要干重体力活,一天三餐也很有规律,怕父亲糯食吃多了不易消化,我们还是只在春节期间吃一些八宝饭。

也是在春节期间,有朋友送来一个很大的蛋糕。我们请父亲晚上烧饭比平时少放一些米,说吃完蛋糕再吃一点饭就行了。吃晚饭前我们把蛋糕切开,是那种典型的奶油蛋糕,我怕父母吃不习惯,就切了一小块请父母品尝,我想如果吃不习惯就让父母多吃点饭。没想到父亲吃完后说蛮好吃的,能吃习惯。妻子见状赶快又给父亲切了一块比较大的,父亲一会儿又吃完了,我问父亲还能再吃点吗,父亲说还可以再吃点。我想把蛋糕上面的一层奶油刮掉后再给父亲,但父亲说不用刮掉,这奶油他能吃。父亲把剩下的一点蛋糕吃完后,又吃了一点饭,我有点不放心,问父亲身体没事吧,父亲说没事。

第二天早晨起来后,我看见父亲一切正常,这才放下心来。父亲见我担心,说他喜欢吃甜食,所以吃这点蛋糕没关系。我这才想起我们小时候吃糍粑,父亲会放一些白糖,我们一边蘸着白糖一边吃糍粑。甚至,我们还吃过糖水面条,吃过白糖稀饭,原来这一切都是因为父亲喜欢吃甜食。

知道了父亲喜欢吃甜食、喜欢吃蛋糕后,我们会时不时买些大大小小的蛋糕让父亲品尝。父亲说城市里的人是会想着法子赚钱,连蛋糕都能做出这么多花样。

也有父亲特别不能适应的食物,那就是海鲜,尤其是乌贼鱼,父亲说一看到这怪里怪气的鱼心里就发怵,而且这种鱼腥味比较重。我妻子比较偏爱海鲜,这种乌贼鱼与肉一起红烧,我女儿很喜欢吃，所以父亲会买，也会烧，但就是自己一点儿不吃。

其实不仅是父亲，我对海鲜的适应性也很差，这应该还是地域文化对我们的影响。我们老家地处内陆，有河鲜而无海鲜，如果一定要与海产品有点什么瓜葛的话，那就是我们在老家吃海带，除此之外好像没吃过别的海产品。曾经有一位中医专家对我说，中医里面有一种观点，叫作胃喜则补，就是说你的胃喜欢吃的东西，对你来说就是补品，反之，再好吃的东西，你的胃不喜欢，吃了也是白吃。所以我并没有因为海鲜是所谓的好东西，就刻意多吃一些。父亲吃不习惯海鲜，我也完全理解。

如果把父亲不能适应的食物再列一列，应该还有炒螺丝、咕姥肉这些上海特色比较明显的菜，这两样东西我也不能适应，但有一样东西是父亲能适应而我不能适应的，那就是烤麸。

烤麸以生面筋为原料，经发酵、蒸制而成。烤麸褐黄色的外皮上有很多气孔，有点像海绵，口感松软有弹性。上海本帮菜里有一道用烤麸制作的名菜——四喜烤麸，是很受上海人喜爱的素菜。所谓"四喜"，即香菇、黄花菜、黑木耳、花生米四味配料，以烤麸为主料，烹制成色泽酱红、酱汁浓郁、咸中带甜的经典小菜。我一开始就不喜欢吃，后来有朋友劝过我，说上海的特色菜还是要尝一尝。我可以吃里面的配料，但还是吃不惯烤麸。父亲能够接受，我想可能还是因为父亲喜爱甜食，而烤麸正好咸中带甜吧。

父亲一直对城市世界把螃蟹捧得那么高不理解。在他这个水乡人的眼里，河鲜从上到下的排位是这样的：上色鱼，一般为鲤鱼、鲫鱼、鳊鱼、鳜鱼、青鱼等；下色鱼，一般为鲢鱼等，包括白鲢鱼和花鲢鱼；虾；蟹。这个排序反映的是贫困年代对肉的渴求，对充饥的渴求，以及对美味享受的一点点奢望。鲢鱼尽管肉很多，但鱼刺比较多，且肉质不够鲜美，所以为下色鱼。而上海一直把大闸蟹视为河鲜之最，河虾的价格也远比河鱼的价格高。这种排序反映了城市世界对美味和健康的追求，是解决了温饱问题之后的享受追求，是饮食追求从物质走向精神的迭代。

我们家对大闸蟹没什么特别爱好，经济收入有限也让我们不能拥有"大闸蟹自由"，但家里偶尔也会赶时髦买点大闸蟹，朋友之间也会相互送些品牌的大闸蟹。每当我们把大闸蟹交给父亲时，父亲就会说，蟹在水里那么横行霸道，现在终于被逮住了。父亲会用刷子把每个大闸蟹洗得干干净净，然后放进蒸锅里。蒸熟后父亲不吃，看着我妻子用筷子把蟹螯、蟹脚里的肉剔出来，蘸上醋后给我女儿吃。有时候女儿一口已经吃完了，但妈妈的补给还未跟上，女儿会说"妈妈我吃完了"，这时父亲会哈哈大笑，说这就像是给小鸟喂食。

父亲说他们以前经常在湖里捉螃蟹，一不小心还被螃蟹扎过，但几乎不太会把螃蟹带回家，因为螃蟹不会给嗷嗷待哺的人们带来多少生活上的改善。他们会在湖边起一个火堆，然后把螃蟹放在火里烤，烤到焦黄再吃，但似乎越吃越饿，可能是蟹肉刺激了他们的胃，让他们胃口大开。

父亲对那些类似于螃蟹的不能充饥的食物，如鸭舌、鸭脖、鸡肫、鸡爪等卖得比鸭肉、鸡肉还贵，不仅是不理解，更是有些愤愤不平。那段时间好像很流行吃这些小吃，外面餐厅有这样的冷菜，很多地方还有专门卖这些小吃的门店，我妻子有时也会买一些回家当菜吃。父亲一般不会吃这些菜，说宁愿吃一些鸡肉或者鸭肉。

大学时我曾选修过一门美学概论课，记得老师讲过，饮食有三层境界：第一层是充饥，以填饱肚子为原则；第二层是美味，已经从物质的充饥发展到精神上的愉悦体验；第三层是享受，饮食只是载体，精神的升华才是主要的。这样看来，父亲对饮食的认识尚在第一层境界，而上海对饮食的要求已经进入第二甚至第三层境界。

父亲在我们家会用糯米粉做汤圆，用面粉做馒头、菜包甚至肉包。女儿上幼儿园后，父母的时间充裕了一些，父亲不愿闲着，就与母亲一起做些点心来丰富我们的一日三餐。

父母在老家时用糯米粉做汤圆比较多，但这一般是在农闲的时候，农忙的时候连吃饭都是耽误时间，更不用说鼓捣这些多少有点小资情调的东西了。老家农忙的时候，也正是天气最热的时候。"赤日炎炎似火烧，野田禾稻半枯焦。农夫心内如汤煮，公子王孙把扇摇。"农业社会好像自古以来就是这样。越是天热越要出去干活，干活时间越长体力消耗越大，但这时候既没有时间也没有金钱来关心伙食，所以一个"双抢"下来，好多人都要瘦掉一些。此后慢慢闲下来，就会想到要吃点东西补一补。

父母很多时候会等女儿从幼儿园回来后再做汤圆，让女儿也能像模像样地做上几个，父亲会让她记住哪些是她自己做的，煮熟后再让她找到自己包的汤圆，说是享受自己的劳动成果。但这种糯食我们不敢让女儿吃太多，怕她不消化，多数是我们吃，所以女儿常说我们吃的汤圆是她包的呢。

我读初中的时候，老家遭受水灾，暴雨和内涝一起袭来，严重影响夏季的收成。父母他们眼看着成熟的稻谷被淹，没有进水的稻田也因为暴雨无法收割，一个个心急如焚。但再急也没有办法，农业就是这样靠天吃饭的产业，古往今来都是这样。灾后，父母都能从村委会拿到一些救助的粮票，可以用这些粮票到粮站去换大米，或者面粉。

父母考虑用面粉做馒头或者包子，这样我可以带到学校当作午饭吃，于是去粮站换了面粉。我小时候挑食，用父母的话说就是我是属猫的，看到鱼就说有菜，没有鱼，或者菜不合口味，宁愿不吃。小学阶段还好，我们一般回家吃午饭，初中时学校离家远，也不提供午饭，父母会让我带饭去学校，也会放上咸蛋之类的菜。就着咸蛋吃冷饭，我就是吃不下去，不像有的同学，即便咸蛋闻起来已经有点臭臭的，但依然香香地把饭吃完。父母认为馒头或包子我应该会吃，因为这是平时不太吃的东西，后来证明确实是这样。

如何用面粉做馒头或者包子，父亲没有经验，于是向那些有经验的人请教。我还记得父亲第一次做的馒头，没有发起来，黑黑的，小小的，还很结实。即便如此，我还是很喜欢吃，可能对我来说这确实是一种新的口味吧。

后来父亲越来越有经验，做的馒头已经像模像样，估计是为了让我多吃一点，父亲做的馒头很大，反正到目前为止我还没在其他地方看到有那么大的馒头。我早晨吃好一个馒头就去学校，母亲会帮我再带一个馒头当作午餐。中午我把馒头拿出来,掰成一小块一小块的,慢慢吃下去,居然感到一种前所未有的满足,要是当时能再有一点开水,我估计就要飘飘欲仙了。我们初中学校条件较差,中午既不提供午饭,也不提供开水,要喝水的话得自己花钱到学校门口的小摊上去买。记得有比较老练的同学会质问摊主为什么开水也要钱,意思是水是没有成本的。摊主的回答让我大开眼界,他说冷水要人挑,热水要人烧,即摆在这里的水至少是有人力成本的。后来,我看了一些经济学的书籍,发现摊主用最浅显的语言讲了一个经济学道理。

在做馒头取得成功后,父亲又想到了做包子。我们老家的习俗,当年出嫁的女孩子,男方要在这一年的端午节前送很多包子过去,有菜包、肉包和白糖包。父亲是吃过各种包子的,也想到要做一做。印象中父亲做的菜包和白糖包都很好吃,我也曾把这些包子带到学校当作午餐。

有了老家做馒头和包子的经验,父亲在我们这边做的馒头和包子,除了颜色没有市场上卖的好看之外,口味已经差不多。父亲开玩笑地说,是不是我们可以去租一间房子,他和母亲在那里卖包子和馒头。我们当时也就一笑而过,现在看来,父亲可能真有这种想法,只是他认为我们肯定不会同意,所以就当作玩笑说说了。如果我们当初同意父亲去做点小买卖,父亲此后的人生又会是怎样呢?

父母在我们这边还是很思念老家的口味的,也会做一些老家风味的东西让我们品尝,比如酒酿,我们老家称为"酒糟"。不知是父母来的时候就带了酒糟曲子,还是后来让老家的姑妈托姐夫带来的,反正父母在我们这里做的酒酿味道确实不错,只是我妻子和女儿对这种甜甜的糯食兴趣不是很大,所以父母此后也就做得少了。

糍粑依然是父亲忘不了的美食。每年春节姐夫回老家,或是表弟回去,都会从老家带一些糍粑过来。父亲会兴致勃勃地做糍粑鸡蛋,先打鸡蛋,搅匀,然后把糍粑切成片,在鸡蛋液里滚过后用油煎,这样煎炒出来的糍粑又香又软,我们都会吃一些。毕竟我的胃对这个糍粑是有记忆的,所以我会比妻子吃得多一些。

父母后来还做豆腐乳,做酱萝卜,他们越到晚年,越爱吃那些几百年不变甚至是上千年不变的味道,尤其是母亲,她早餐吃粥时总想吃老家的咸菜和酱萝卜。当然父母也不排斥新的东西,只是觉得不太适应新东西的味道。上海的崇明糕主要成分也是糯米,只不过糕里还有核桃肉、红枣、赤豆等,我们给父母买过,但父亲说吃不习惯,我估计是因为崇明糕里的这些核桃肉比较硬,父亲后来牙口不好,吃起来比较费劲。

小时候在老家,父亲会买茶叶,烧茶给我们喝。印象中是那种很大片的茶叶,味道略苦,但夏天喝这种茶很解渴。老家还有一个习惯,客人吃完饭后要送上一杯茶,印象中应该是绿茶。父亲来上海后,我们给父亲买过各类红茶、绿茶,但告诉父亲不要吃完饭后马上喝茶,据说这样容易冲淡胃液。父亲也听从了我们的建议,把他多年来饭后一杯茶的习惯改掉了。

父亲与母亲,还有小时候的我,都喜欢用汤拌饭吃。像我小时候喜欢吃鱼,常常用鱼汤拌饭吃。父母也会用鸡汤、鱼汤、肉汤等拌饭吃。后来好像是医生提醒说这个习惯不好，大概也容易冲淡胃液，我们便提醒父母尽量不要用汤拌饭，在我们家时父母也确实这样做了。

饮食上父母确实与我们有很多不一样，但无论是在农村世界，还是在城市世界，父母同所有家长一样，会尽量在口味上满足孩子的要求，尽量把好吃的留给孩子，这种对孩子无偿的爱永远是一样的。

面对衣着关：农村的实用与城市的考究

佛要金装，人要衣装。

20世纪90年代我从武汉到上海上学，当时流行这样的段子，说北京人什么都敢说，上海人什么都敢穿，广东人什么都敢吃，深圳人什么都敢闯。我到学校后发现有些男同学确实穿衣服敢于创新：有的人夏天穿衬衫，里面不穿背心；冬天把羊毛衫穿在里面，外面罩上衬衫，再加上西装领带，照样风度翩翩。当时我总体感觉是上海这边的"穿"确实比武汉时髦一些，我们在武汉大学读书时，冬天的校园是清一色的军大衣，不管是男生还是女生。当我老调重弹穿着军大衣在复旦大学行走时，发现自己竟然成了另类，一个洋气的上海已经在向我翻白眼，这正印证了那句话：黑夜给了我黑色的眼睛，而你却向我翻白眼。

因为我自己在"穿"的方面已经深有体会，当父母从农村世界来到上海城市世界后，我们便给父母从里到外都换了一身行头。

父母在老家时，习惯穿腈纶的内衣，这种面料的衣服摸上去非常柔软，保暖性也好，还耐晒，不容易褪色，但因为其廉价而有一些明显的缺点，如吸湿性比较差，容易起球，穿久了就有一个个小绒球，显得有些难看。我们按照上海这边穿衣的习惯，给父母买了棉质内衣，棉质内衣吸湿、保温，对皮肤也没有什么刺激，父母穿上去以后感觉更舒服。

父母穿的毛线衫有尼龙类的，也有腈纶类的，这些衣服穿时间长一点后也容易起球。我们给父母买了本地产的羊毛衫，从颜色到形状都要新潮一些。此外，我们还给父母买了羽绒服，但母亲说不习惯穿这种拉链类的衣服，正好小区附近有一家裁缝店，可以做各类老式的棉袄，于是我们给母亲做了一件大红棉袄。

我知道，父母来上海时，其实已经里里外外换上了他们认为最出客（拿得出手）的衣服，但这些在老家最出客的衣服，到上海就变得落伍了。这里有衣服面料、价格、款式的问题，有成色新旧的问题，也有审美品位的问题。在一个"什么都敢穿"的城市，上海人的穿着打扮体现的是国际化大都市的外在形象，一个人的衣着与个人年龄、职业、身份、身材、气质相匹配，精心搭配的衣着有一股不留雕饰痕迹的自然，一份恬淡和随意的潇洒。这样，大概才不负上海敢"穿"的传说。

我曾经与一些专业人士交流过，他们说"穿"有五层境界：第一层是实用，能解决蔽体和御寒问题；第二层是整洁，穿着干净，外表平整，没有明显的污迹；第三层是美观，这涉及面料、颜色和款式的搭配，也涉及衣服与个人身材、体魄的适配程度；第四层是得体，穿着要与自己的年龄、职业、身份相吻合，与不同时间、不同人群、不同场合的氛围相吻合；第五层是象征，穿着体现个人的兴趣爱好，体现个人的喜怒哀乐，体现个人的思想情感，甚至体现个人的政治观念。父母长期生活在农村世界，在"穿"的境界方面与上海这边还是有明显的差异。

小时候在老家，印象中似乎只有夏冬两季的衣服，而且两季的衣服是通用的，冬季的衣服，无非就是在夏季的衣服外面套上棉袄和棉裤。老家的棉袄和棉裤，实际包括两部分，一部分是罩衫、罩裤，相当于被子的被套——棉袄、棉裤在没有洗衣机的年代很难洗，所以一般会在外面套上罩衫、罩裤，这样万一弄脏了，洗罩衫、罩裤很方便。而春秋两季的穿着，也就是在夏季的衣服外面加上棉袄、棉裤的罩衫、罩裤。条件好一些的人家有一件毛线衣、毛线裤，在春秋较冷的时候穿。

我们小时候的衣服都是请裁缝来家里缝制的，裁缝在老家是很有技术含量的职业，收入比一般农户要高，与其他有技术含量的职业相比，比如木匠，裁缝干活相对轻松。裁缝、木匠、郎中（医生）、媒婆等构成农村世界自给自足经济的完美闭环，千百年来的人们就这样穿着父母织布做成的衣服来到这个世界，又穿着儿女织布做成的衣服离开这个世界。

我小时候见过织布机，但人民公社时期织布机已经成为摆设，做衣服的面料都是在集镇的商店购买，那时买各种布料还需要布票，要凑好匹配的布票才能把布料买回来，然后再与裁缝约定缝纫时间。裁缝来的这几天，家里要准备好酒好菜招待，还要为裁缝上门做一些准备工作，比方说把几块门板拆下来，放在凳子上，搭成一个较大的平台，裁缝可以在上面给布料划线、裁剪、熨烫。熨衣服的熨斗是一块金字塔形的铁块，上面有一个木柄，使用时要先在炉灶里把铁块烧红，用火钳拿出来，套上木柄，还要在衣服上面喷一些水。小时候觉得很有趣的事就是裁缝在熨衣服之前会在嘴里含水，然后把水雾喷在衣服上，相当于现在熨斗的蒸汽，这样可以避免把衣服烫坏。每当看到裁缝要用水喷雾时，我会自告奋勇，要代替裁缝喷雾，裁缝也会笑吟吟地答应。

裁缝给人们量身材、量尺寸的粉笔也是我小时候的稀罕之物，衣服做好之后，裁缝会给小朋友留一点粉笔，作为写写画画的玩具。这时候拥有粉笔的小朋友一定会是孩子王，会享受众星捧月般的待遇。

裁缝上门定做的衣服肯定都是合身的，问题是那时候农村普遍贫困，不是每年都能为每个孩子缝制新衣服，有一个说法是"新三年，旧三年，缝缝补补又三年"，就是说做好的衣服老大穿后老二穿，老二穿后老三穿，这样一轮又一轮下来，穿到最后其实合身是次要的，主要还是实用。

我们家人少，只要是请裁缝上门来缝制衣服，每人都会有几件。这些新衣服平时不穿，春节时才会穿起来，一方面是新年要有新气象，另一方面春节时亲戚朋友你来我往，也需要穿得周正一些。我小时候一直穿的是自己的衣服，未曾感受过"新三年，旧三年"循环的情况，但我长大后，我的一些旧衣服似乎父亲穿过。我参加工作之后，会给父母买一些衣服，也会把自己的一些旧衣服留在家里，而父亲会穿着我的这些旧衣服出去干活。

我小学一二年级时似乎穿过姐姐的鞋子，大概我那时顽皮，自己的几双鞋都穿出了洞洞眼，而父母一时又来不及买，于是让我穿姐姐的鞋子临时救急。我刚开始坚决拒绝，声称坚决不穿女孩子的鞋，后来大概是父亲把鞋上的花剪掉，我才扭扭捏捏地穿上。但是姐姐的鞋颜色较为鲜艳，我脚上的鞋受到那些穿着哥哥衣服或者鞋子的同学嘲笑，为此我还与他们打过架，也因此被老师罚站。

父母都是特别爱干净的人，所以我们穿出来的衣服还是比较整洁的。这得益于母亲每天都要把换下来的衣服清洗、晾晒，母亲偶尔还会用米汤（煮米粥时浮于锅面上的浓稠液体）把洗好的衬衫、裤子等外套浆一浆，这样外套晾干之后就显得很笔挺。

父亲还会为我和姐姐买一些时尚的布料，那时候刚刚流行"的确良"面料的衣服，父亲就到集镇为我们买了布料，请裁缝做了衬衫。后来，又流行呢子外套，父亲也给我们买来布料，做成新衣服让我们穿上。与那些家里兄弟姐妹比较多的同龄人相比，我们的穿着，应该说在一定程度上已经接近"美观"的层次。

不过农村世界对穿着的追求最多也只能达到"美观"的层次，这是由农村的经济收入、文化水平以及生产生活环境所决定的。"得体"的前提是有较多的衣服，包括不同面料、不同款式、不同颜色、不同价格的衣服，可以根据需要进行选择。农村世界既没有足够的经济实力，也没有相应的储存空间，更没有社会交往的现实需要来保存这么多衣服。实际上，一个穿着时髦的小伙子，如果干活不肯卖力，也不愿动脑筋，他所得到的社会评价将远比一个不会打扮但能干活的小伙子要低。

当然，农村世界和上海城市世界在穿着打扮方面也有高度一致的时候，那就是在"政治挂帅"的年代。那时候无论是城市还是乡村，无论是富裕还是贫穷，大家的穿着都不会有太大的区别。大家穿着几乎统一的"中国蓝"，最羡慕的是解放军的"国防绿"，电影电视中看到的是"革命红"，英雄人物是"站在高坡上，身穿红衣裳，口唱红太阳，挥手指方向"，反动人物则是穿着黑衣服被踏在地上永世不得翻身的小丑。

这里要说一下军帽的故事。在大家都羡慕绿军装且不是人人都能穿的情况下，能够戴一顶军帽，是既时髦又政治正确的事情。

这里的军帽当然不是指大盖帽，当时俗称"解放帽"，它的面料为的确良，颜色碧绿，帽檐坚挺，里面印有长方块的章，标识姓名、年龄、血型等，一般人戴的军帽应该是仿制品。戴军帽有很多讲究，要在帽子里边垫一圈硬纸壳或报纸，把帽子上面的接缝处尽量撑起来，出门前用手捏平整，实际上就是要把一个布质的单帽戴出大盖帽的味道来。军帽很容易"飞"，走在大街小巷，帽子被骑车的人顺势从头顶上摘走也是常有的事。

我也有一顶军帽，而且是货真价实的军帽，是一个解放军叔叔送的，解放军叔叔送我军帽是要表达对父亲的感谢。

父亲那时在生产队担任小干部，也因此与从武汉到我们这里来插队落户的知青有很多接触，用父亲的话说他救过他们的命。这些人都是一些毛孩子，到生产队后，生产队会按月拨给他们一些粮食。他们常常是上半月就把一个月的粮食都吃掉了，下半月没有了粮食，就到一些农户家里蹭饭，或者是到湖里逮鱼，偶尔也做一点偷鸡摸狗的事，但这是为了生存，大家也没有特别在意。

不过，在湖里抓鱼会有生命危险，偶尔的偷鸡摸狗也涉及知青的整体形象。父亲说他们生产队的几个干部商量下来，决定把那些留作应急的稻谷再拨一些给几个知青，让他们先救救急。同时，改变拨付方式，由每月给换成每天给，再从家家户户筹集一点咸菜和酱萝卜，这样就可以保证知青天天都有饭吃。

每天给知青拨大米，增加的是父亲的工作量，因为他是财经队长。父亲说看这些小孩也很可怜，如果不是上山下乡，十七八岁还是可以在父母面前撒娇的年龄，但现在他们被迫来到完全陌生的世界，要依靠自己的双手来养活自己。

很快就到了征兵的时候，这些知青也与生产队的小青年一起去体检，结果其中两个人的体检结果和后面的政审都合格，成了当时人人羡慕的解放军战士。一年多后他们回来探亲，第一站就是到我们家。

父母像接待尊贵的客人一样招待这两位当时最受尊敬的人，他们也知恩图报，赠给我一顶军帽，说是他们退伍的战友赠送的。我把这顶军帽像宝贝一样藏着，平时舍不得拿出来戴一戴。有一次晚上去村小学的操场上看电影，我心血来潮地戴上军帽，大概也是想在众人面前显摆一下。父亲说让姐姐和我先去，他忙好事情后来接我们。后来，我和姐姐在操场上看着电影，突然冒出一只手把我的军帽给"飞"走了，我们四顾茫然，急得哇哇大哭，但操场上不相信眼泪，没有谁在意一顶军帽换了主人。在大家的眼里，在戴军帽享受风光的同时也要承受这样的代价。我们哭过之后继续看电影，大概是精彩的电影把我们吸引住了，很快就忘了军帽的事，等父亲找到我们时，我们都只顾着说电影里的事，倒是父亲看到我的军帽没了安慰了我一番。

如果说在大家穿着都一样的情况下，还有什么装扮能够区别人的身份等级的话，那一定是钢笔。

钢笔本来是书写工具，但挂在上衣口袋上，就成了文化人的标志，因为只有文化人才会用钢笔写写画画。那时候有句话，叫作"上衣口袋挂支笔，不是干部就是老师"。当然，也有人为了显示自己厉害，在上衣口袋挂两支笔甚至三支笔，那就有点弄巧成拙了。

实际上，曾经有那么一段时间，城市世界的穿着打扮被要求向农村世界看齐，城市世界在穿着上的考究被认为是小资产阶级的个人主义，而农村世界在穿着上的简单粗陋被认为是劳动人民艰苦朴素的体现。按照"越穷越光荣"的理论，以及"头发梳得光，身上抹得香，天天不劳动，人人说她脏"的宣传口径，农村世界的穿着打扮，尤其是贫下中农的穿着打扮，更加体现了劳动人民的生存价值。

对农村世界在穿着打扮上的先进性的鼓吹也就是昙花一现，20世纪80年代，随着党和国家领导人开始在公开场合穿西装，普通民众穿着上的政治色彩越来越淡化。人们开始追求个性，追求时尚，要通过张扬的外表来显示自己，喇叭裤就是在这样的背景下开始流行的。

喇叭裤是裤腿呈喇叭状的裤子，特点是低腰短裆，紧裹臀部，裤腿上窄下宽，从膝盖以下逐渐张开，裤口的尺寸大于膝盖的尺寸，形成喇叭状。按裤口放大的程度，喇叭裤可分为大喇叭裤、小喇叭裤及微型喇叭裤。微型喇叭裤的裤脚口一般可以覆盖大部分鞋面，小喇叭裤的裤脚口刚好完全覆盖鞋面，大喇叭裤的裤脚口则比鞋面还要开阔，穿上去像扫帚在扫地。喇叭裤据说是西方水手的发明，水手在甲板上工作，海水容易溅进靴筒，他们就想了这个改变裤脚形状的办法，用宽大的裤脚罩住靴筒，以免水花溅入。喇叭裤在20世纪60年代成为美国的时尚，后来流传到日本和中国港台地区，之后风靡内陆。

即便当时我在穷乡僻壤的老家，依然能感受到喇叭裤的威风。当时已经走向社会的年轻人，基本上都会有一条甚至几条喇叭裤。尽管年轻人的赶时髦常遭到老一辈的反对，但在重新确立价值的年代，老人们对喇叭裤的反对被收录机传出来的邓丽君的歌声所淹没。喇叭裤、收录机、迪斯科，还有邓丽君的歌，成为农村世界和城市世界的新宠。

我那时在读初中，社会上的时尚于我们这些两耳不闻窗外事、一心只读圣贤书的学生而言，似乎还有些距离，但学校一些年轻的老师，已经感受风气之先。这些年轻老师基本都是高考制度恢复后的师范院校毕业生，他们当时的收入在农村世界已算上等，有经济实力，也有审美品位来追求时尚。记得我们有位男老师，一天上课时穿了一件米色风衣，一条深色的喇叭裤，还配了一双有跟的鞋,惹得我们一帮学生在那里啧啧称奇,只顾欣赏老师的"奇装异服",根本无心听课。只记得老师说了一句"少见多怪",然后就继续上课了。

老家那些追求时尚的小青年,后来开始"混社会",也有因此走上犯罪道路的。为了让我专心读书,不与这些穿喇叭裤的人混在一起,父亲没有给我缝制喇叭裤。但当时姐姐已经在家里干活了,同龄的女孩子差不多都有喇叭裤,在裁缝来我们家时,姐姐提出要缝制喇叭裤,父母也没有反对。

事实上,我当时对喇叭裤还真有些反感,因为我被穿喇叭裤的人威胁过,我的同学被穿喇叭裤的人伤害过。

那是在我们初中三年级的下学期,周六我回家时经过一个地方,看到不少人在那里看热闹。我们一行四个人也挤进人群,发现是几个穿喇叭裤混社会的人在欺负一个人,大约是这几个人发现这个人的喇叭裤口比他们的还大,引发他们的不满,双方一言不合便开始动手。我同学看到几个人欺负一个人,就说了一句"不像话",没想到马上引起其中一个喇叭裤的注意,他气势汹汹地过来问我同学说什么,我同学这时也有点害怕,就说没说什么,喇叭裤却飞起一脚踢向我同学,同时恶狠狠地说"让你多嘴",并威胁我们不准还手,说如果还手将连同我们几人一起"修理"。

面对喇叭裤的威胁,我们退缩了,四个人挤出人群,开始问这位同学的受伤情况。同学说感觉有些不舒服,我们只得抓紧回家,商量到家后再找医生看看。

星期天回到学校,我们赶紧问同学的身体状况。同学说已找医生看过，医生说那个喇叭裤看来是学过功夫的，这一脚很歹毒，好在同学躲了一下，没踢到要害，要是踢到要害可能这辈子就废掉了。医生给同学配了些药膏，说两周左右应该可以恢复。

此事不仅对我同学造成身体上的伤害，更严重的是心理上的伤害。本来成绩挺不错的他，后来成绩开始走下坡路，直到中考也没能恢复过来。不能说这位同学的成绩下降完全是受这件事的影响，但肯定会有影响。我们三人后来也反思当时的表现，主要是后悔挤进去看热闹，同时也为我们不能帮助他而感到惭愧。

此后，随着农村世界和城市世界在经济社会发展方面的差距越来越大，两个世界在穿着打扮方面的差距也越来越大。20世纪90年代，随着打工潮的出现，年轻人纷纷离开农村，留在农村的大多是所谓的"三八六零部队"，也即妇女和老人。再往后，随着城市服务业的发展，女性也纷纷离开农村，留下来的就只剩下老人和小孩。这时候的农村世界，在穿着方面与城市世界的差距，尤其是与上海城市世界的差距，就不是算术级数，而是几何级数了。

这种差距体现在四个方面，首先是面料，其次是款式，再次是整体的搭配，最后是颜色的选择。甚至可以说颜色才是最致命的区分之处，远远地走来一个人，你能根据其衣服的艳丽或者淡雅迅速地判定对方是来自农村世界还是城市世界。

其实，在中国传统社会，不同阶级的衣服就是用不同颜色来区分的。黄色为皇帝专用，紫色、红色为官宦所用，平民百姓只能穿蓝、黑、灰等颜色的衣服。同时，不同阶级的衣服面料也有不同的规定,如绫罗绸缎是上层阶级用的面料,平民百姓只能穿棉麻织成的粗料,所以被称为"布衣"。现代社会既解除了人们穿着上对面料的限制,又解除了对颜色的限制。让人没有想到的是,以前平民百姓穿的蓝黑灰,尤其是灰色,因为其中性、低调而受到上海城市世界的追捧,被称为"高级灰"。

我参加工作后开始与方方面面的人打交道,他们也告诉我很多穿衣服的诀窍。例如在上海,蓝色的工装几乎是工人阶级的标配,红色的西装套装是高档宾馆服务员的标配,而黑色的西装套装是高档餐厅服务员的标配。除非是工作需要,男士一般不会西装革履地来上班,这样打扮一方面有被认为是服务员的嫌疑,另一方面上海穿西装讲究多,除了颜色,还讲究衬衫的搭配,领带的搭配,领带夹的搭配,以及鞋袜的搭配,配得不好,反而容易被人看轻。当时被公认为是暴发户的标志就是穿西装不把商标拿掉,尤其是名牌西装。当然,打着艳丽的领带,也曾被认为是暴发户的标志。至于穿西装配旅游鞋,那就是上海人眼里包工头的穿着了。

对于白领以上的阶层,在穿着上一般是上装与裤子错开颜色,除了夏天是上衣颜色浅裤子颜色深之外,其他季节基本上是上衣颜色深而裤子颜色浅。如果一定要穿一套西装,颜色尽量是灰色或者其他不起眼的颜色,衬衫颜色要与西装颜色互补,即西装颜色深,则衬衫颜色浅,反之亦然。领带的颜色不能太艳,如果是纯色系的领带,尽量选暗色系,如果是混合色的领带,则其中至少要有一种颜色与西装颜色一致。领带夹的配置也很关键,一般是放在衬衫第三颗纽扣的位置。皮鞋必须是锃亮挺括的,不能是高跟鞋，也不能是平底鞋。有一阵子似乎流行在皮鞋鞋跟上面钉铁皮，这样做一方面是保护鞋跟，使其不至于磨损太厉害，另一方面是要创造一种气势。但据单位里的老同志讲，皮鞋鞋跟上面钉铁皮，那是很少穿皮鞋的人干的事。经常穿皮鞋的人不会这么做，因为钉了铁皮的鞋走路声音大，尤其在打过蜡的地板上声音更大，对同事也会有影响。单位里上下班讲究的是"轻轻地我走了，正如我轻轻地来"，沉重的脚步声是对这种静谧氛围的破坏。

　　因为工作关系，我曾与一位机关的"老克勒"联系很多，"老克勒"是一个委办局的中层领导，还是一个民主党派的市委委员。记得那天我们一起开会，我和他都提前了几分钟到场，他指着身上的衬衫让我猜价格，我看这件衬衫颜色略显老旧，似乎还有点皱巴，就说不会是地摊上捡来的便宜货吧，这是我们平时经常开的玩笑，因为我总说他有少爷气息，而我自称是无产阶级。他神秘地一笑，说是女儿从美国寄来的高级货，然后把衣服的牌子翻给我看。我一看果然是英文字母，似乎也不是中国制造，这才知道"老克勒"穿衣服的水平不一般。

　　会后我们一起吃工作餐，"老克勒"又跟我聊了一些服装方面的事：说上海最忌讳的是艳丽，成人穿着花花绿绿的衣服会被人看不起；最讲究的是不露痕迹，明明是很高档的衣服，不能让人一眼就看出来；最受欢迎的是合群，穿着要与同事们保持一致，不要标新立异。当然，如果是单位的领导，或者说更大的领导，那穿着就是一种象征，会给人留下丰富的联想。"老克勒"

的话让我想起书中看到的故事，说1949年以前的国民政府总统选举，蒋介石是唯一的总统候选人，他中意的副总统是孙科，但当时李宗仁与孙科两人都是副总统候选人，最后李宗仁在桂系的支持下当选为副总统，这让蒋介石很生气。总统就职典礼开始前，李宗仁去电蒋介石，问穿什么服装，回答说穿军装，于是李宗仁穿着一身戎装去参加就职典礼。

他到场后却发现蒋介石穿了长衫，一身传统服装，而一身戎装的副总统看上去就是总统的高级侍卫，这也印证了副总统的职位以桂系军阀的军事实力为后盾的传说。我把这个故事概要说给"老克勒"听，"老克勒"又是神秘地一笑，说类似的故事有很多，以后有机会他会讲给我听。

当然，最能体现号称"东方巴黎""时尚之都"的上海"穿"的水平的，还是上海女性，女性的穿着打扮更显城市世界与农村世界的差别。

如果说传统的农村世界的生产特点决定了男性在农业社会的主导地位，农村更适合男性生存的话，那么现代城市世界的生产特点已经让男性和女性站在同一起跑线上，甚至女性比男性更适合城市世界的生存，因为女性的细心、耐心和善于交流更适合城市职业的工作特性。

上海女性的穿着绕不开旗袍，旗袍也是上海女性风韵的象征。其实，旗袍是始于清朝的极具满族特色的服装，历史不到四百年，民国时期被定为礼服也不过百余年。说上海女性都曾经拥有过旗袍，或者说即将拥有旗袍，应该说一点也不为过。

我妻子就有一件大红色的丝绒旗袍，是在我们婚礼上穿的，因为妻子的职业原因，此后就很少穿，等到想起来的时候，又发现已经穿不上了。想想扔掉也很可惜，就一直放在家里。没想到这件衣服后来还派上了很大的用处，每年她们班上教师节表演节目，她都会拿出这件旗袍让女学生穿。一个一个女学生就这样穿着旗袍走过了高中，走进了大学，很多人直到工作多年后来看老师，都说还记得老师拿来的旗袍。

上海的女性，能够做到经常在电视上抛头露面的，应该说已经是各行各业的杰出代表，看她们的穿着打扮，有时就是一种享受。

她们会用穿着打扮来弥补身材的不足。除了少数演员及演艺类明星，大多数人的身材总归会存在这样或那样的缺陷。身材偏胖的，绝不会穿很紧身的衣服；身材偏矮的，会用宽松的裙子营造视角偏差，会穿高跟鞋来保持一定的高度。

她们会用穿着打扮来体现女性的风韵。精心设计的发型看起来随意自然；精心装饰的脸上笑意盈盈，无论浓妆，还是淡抹，总是与特定的场合相匹配；精心搭配的服饰不一定是一线品牌，但看起来高雅、大方；精心挑选的皮鞋与服饰浑然天成。她们不一定都很美，但一定会让人看着很舒适。

她们会用穿着打扮来展示生活的品位。她们会用金银、钻石和宝石材质的项链和挂件搭配出最佳组合。她们的戒指，以及戒指上的宝石，不会绿到俗气，红到刺眼。她们的手提包，不一定是什么马或者什么驴的，但一定价值不菲。她们的手镯，既有玉石的细腻，又有母性的温婉。

上海的年轻女性,更多的会用穿着打扮来展示个人的喜好。她们会定期到一些大型的百货商店,或者一些精品商店,看看当年或者当季的流行面料与款式,然后在电商平台上定制几件相同面料与款式的衣服,价格会便宜很多,穿出来的效果却一点不输那些大的品牌。

在穿着打扮这件事上,传统的上海男性一定比上海女性花的时间、精力和金钱要少许多,但现在据说也在变化,一批又一批的"小鲜肉"也在影响着年轻上海男性的穿着打扮。他们会画眉毛,会画眼线,会化淡妆,会抹香水。

父母除了买菜、送女儿上学和带女儿在小区玩耍,平时以居家为主,因而在跨过上海的穿着关方面几乎没碰到什么大的问题,但也有一点小小的问题。我们平时回家之后会把外套换掉,换成家里穿的衣服。我们也为父母准备了外面穿的衣服和家里穿的衣服,但父母似乎不太习惯,有时候把家里的衣服穿出去了,有时候回到家里忘了换外面的衣服,多数时候还是以穿外面的衣服为多。尤其是父亲,回到家里他马上就要开始洗洗弄弄,很难想到还要换衣服,我们也没有勉强。

中国古称"华夏","华夏"其实也与服饰穿着紧密相关,国有服章之美称为"华",有礼仪之大称为"夏"。同为华夏儿女,因为地域关系,因为民族关系,因为信仰关系,因为城乡关系,在穿着打扮方面有一些差距和差异,这其实是经济社会发展不平衡的外在表现,在一定程度上也是多元文化和谐共存的外在表现。父母也许不知道这些知识,但父母知道衣服是为人服务的,人不能成为穿着打扮的奴隶。父母常说，肚子里"有货"，比外表上"有货"更重要，我想这可能就是"金玉其外，败絮其中"的质朴表述。尽管父母的这些想法在颜值经济时代显得落伍，但我想一个正常的社会，一定是更需要一些肚子里"有货"的人，所谓腹有诗书气自华，这种思想应该不会落伍吧。

面对交通关：自行车文化与汽车文化

开门大吉，出行大利。

大约从初中三年级的寒假开始，我就负责写家里的春联。这写春联有很多讲究，如在谷仓这里要写五谷丰登，在猪圈这里要写六畜兴旺，在鸡笼这里要写鸡鸭成群，在灶王爷这里要写九天司命之神位，在堂屋里的火塘旁边要写童言无忌，以防春节期间小孩说话没大没小打扰家里的神灵。而在大门的两侧，则是分别写上开门大吉和出行大利，以期待来年的平安与好运。当初我写的这些内容是长辈们教的，我对其中一些内容的内涵也不甚了了。

现在看来，千百年来农业社会对"出行"是非常重视的，尽管那时的交通工具与现在完全不可同日而语。

父母最早接触的交通工具是船，交通方式是水运，水运是千百年来农业社会的主要交通运输方式。在水运经济时代，所有的集镇乃至交通枢纽都靠水而生、靠水而兴。20世纪70年代起，开始有拖拉机运送货物，这是农村交通运输方式的革命性变化，标志着以人力为主的交通向以机械为主的交通转变，以水运为主的交通向以陆运为主的交通转变。与交通运输方式转变相伴而生的是公路的发展，先是有县与县之间的公路，后是有乡与乡之间的公路，再后来是村与村之间的公路，此后公路更是可以通到每个生产队。但这时的公路等级都很低，县级公路也就是县道，还是以柏油路面为主，夏天气温高柏油融化，路面容易黏糊，安全隐患很大。乡村公路路面以石子为主，一旦下雨便坑坑洼洼，而且路面不宽，两辆拖拉机会车都有些困难。与此同时，个人和家庭的交通方式也经历了从自行车到机械化的电动车或者摩托车的变化，20世纪80年代，自行车逐渐普及，此后随着农村经济的发展，以及打工潮的出现，电动车、摩托车也开始出现，以中青年为主力的机械化车队与以老年人为主力的自行车车队，共同构成农村的公路景观。

农村世界的路，即便是那些已经实现路面硬化，看上去与城市世界的马路并无二致的路，也统称为公路，而城市世界的路则称为道路，两者名称不一样，建设标准不一样，设施配备也不一样。关键的是，农村世界的公路是没有红绿灯的，直到现在我们老家镇上也只有一个红绿灯路口，除了大家心中隐隐约约有行人靠右的意识之外，农村世界的行走基本上是随意的，与交通相关的规则是缺失的。在没有机动车的年代，确实可以像那首歌唱的一样"大胆地往前走，莫回头"，但在机动车开始出现，尤其是越来越普及的情况下，就会出现观念转变跟不上器物发展的情况。这种情况在我们小时候就已现端倪。孩子们在交通道路上的恶作剧，人们的交通安全意识淡薄，在交通问题上的野蛮生长，其实都是农村的交通观念落后于社会发展步伐的具体体现。

也许是受到当年那些电影，诸如《平原游击队》《地道战》《洪湖赤卫队》，还有《小兵张嘎》的影响，农村世界的孩子最喜欢玩的游戏就是打仗。这打仗需要有敌人，孩子们的"敌人"就是每年暑假期间来村里运输粮食的拖拉机手。为了对付那些"敌人"，孩子们会在乡间公路上挖出壕沟，然后在上面铺上树枝，树枝上面再铺上一层土，以防被"敌人"识破。其实，这个所谓的壕沟，不过是小孩子用小的砖头或者瓦块在公路上胡乱砸出来的几个小坑而已，不会对拖拉机的通过造成实质性的影响。如果偶尔有拖拉机手发现路面有些树枝，停好车下来清理树枝，孩子们会在那边欢呼，似乎是对"敌"斗争的重大胜利。当然，如果拖拉机手发现这是小孩子的恶作剧，会做势要来抓人，这时孩子们会用自制的水枪来攻击。他们的水枪是那种用竹筒制作、模仿针筒打针的小玩具，拖拉机手偶尔也会没收一两支水枪，作为对孩子们恶作剧的惩罚。

孩子们的这种恶作剧一年一年传下来，似乎也没有大人来做一些干预，可能那时候大人们都在忙着干活，忙着学习语录，忙着搞阶级斗争，实在没有精力来管小孩子的事吧。

那时候正是强调"人多力量大"的时代，所以家里有七八个孩子属于正常情况。小孩子顽皮，大人、小孩交通安全意识淡薄，因此时而引发交通事故。我们附近村庄就发生过这样的悲剧：几个小孩子躺在公路上铺晒的稻草下睡觉，结果开车的汽车司机以为是稻草堆得厚，直接就开过去了，听到惨叫声才停下来，这时才发现几个孩子已经是死的死伤的伤。夏天的稻谷收割后，靠近公路的人家，会把稻草晒在公路上，其实这种做法对骑自行车，对拖拉机和汽车行驶，都带来不利影响，但这种做法似乎也没人制止，即便有人制止似乎也不会产生实质性影响。悲剧发生后，公路上的稻草依旧，大家只是痛惜几个孩子的不幸，而没有反思在公路上晒稻草才是事故的源头。当然，晒稻草还不是最糟糕的，最糟糕的是晒黄豆、绿豆或者棉花的根茎，这些东西又粗又硬，自行车根本没法从上面骑过去，骑车的人只得下车推行，而即便下车推行也要提防这些根茎搅到自行车的钢圈里面。

读初中时我们那里还流行一种危险的"交通方式"——扒车，这种做法尽管情有可原，但确实增加了交通的风险，也造成了一些不必要的交通事故。我们那时候上学，天亮不久就要从家里出发，走路到学校，也不知自己走了多久，是何时到的，因为当时既没有挂钟，也没有手表，所有的时间都是以日出日落为依据的。夏天还好，天亮得早，我们也会早到学校，冬天则常常迟到。老师对迟到同学的处罚就是搬砖头，大概因为学校当时在扩充校舍，建房的砖头堆满了学校的角落。今天迟到是把砖头从这边搬到那边，明天迟到是把砖头从那边再搬回到这边，如此循环往复。家乡的冬天本来就很冷，手上拿着冰冷的砖头更是冷上加冷。为此，我们会尽可能想办法改善交通方式。当时流行的方法就是扒车，每当有拖拉机甚至汽车从我们身边经过时，只要车厢还有空位可以坐人，我们会想办法扒车上去，依靠机动车来减少交通时间。

这扒车是有一定技术含量的，不能等车到了才开始跑，远远地看到车过来了就要开始跑，等车到的时候加快速度，让自己的速度与车速差不多，这样才能抓住车的挡板。双手抓住车的挡板后，一只脚要先踩着挡板外面的挂钩，将身体慢慢凑上去，再把另一只脚放在挂钩上，这样基本上就算扒车成功。

这时候一般会有两种情况，一种情况是司机比较热心，看到小孩子想上车，会减缓车速，让孩子们更容易上车，孩子们上去后车上的人对孩子也比较友好；另一种情况是司机不想多事，会在经过人群时加速行驶，但总有人可以扒上去，只是上去的人会少一些。上去的人尽管会遭受车上人的冷言冷语，但因为扒车能够节约一段时间，这样想想也划算。

同样，下车的时候也有两种情况，热心的司机会减缓车速，让孩子们更容易下车，不想多事的司机会加速行驶，给下车的人增加一些困难。但下车的时候只要注意方法，从挡板上下来后，双手再抓着挡板跟着车跑几步，然后慢慢松开，就可以平稳着地，基本上对身体不会造成任何伤害。

这扒车是容易上瘾的。大概那时候我们看过《铁道游击队》《火车司机的儿子》等电影，更是给自己的扒车行为镀上了一层英雄主义的色彩。我们上学扒车，放学回家也扒车。终于，因为扒车我给自己留下了永久的伤疤。

那天放学回家其实还早，但看到一辆拖拉机开过来，我们三个同学还是想扒车上去。尽管司机已经在加速，其中一个同学作为"扒车族"中的"战斗机"，还是一下子就扒上去了，我也不甘落后，扒了上去，但上去后车上的人就严令我们下车。我同学不吭声，我想想反正不赶着去上课，回家晚一点也没关系，于是抓着挡板就准备下车。但这时我背上的书包帮了倒忙，我人下车了，书包却被挡板上的挂钩勾住了。于是我被拖拉机拖着，一条腿的膝盖直接与地面的小石子摩擦，很快被磨破了皮，流出了血。这时拖拉机依然在开，我们还有一位没上车的同学看到这种情况，一边大声喊"要出人命了"，一边拼命地跑到拖拉机后面，帮我把书包解开。

等我脱离险境，才发现我的两条裤子都已经磨破了，左边的膝盖有点破皮，右边的膝盖已经裂了条长长的口子，血直往外流，同学帮我把破了的裤子撕开做成绷带，把右边的膝盖包住，他扶着一瘸一拐的我慢慢地往前走。我们走了很长一段距离，终于来到隔壁村的卫生室，医生说还好没有伤筋动骨，于是给我做了一些简单的包扎。记得当时我们身上都没有钱，还好医生答应让我第二天再来付。这件事后，我再也不敢扒车，铁道游击队的英雄梦想也从此破灭。

带着这样的交通观念，我们来到城市世界，城市世界眼花缭乱的交通让我们畏惧，也让我们有了对于交通规则的敬畏。尽管如此，在刚来城市世界生活的一段时间，我还是在交通问题上吃过一些苦头。父母从老家来到城市世界后，我最担心的就是交通安全问题。

从20世纪80年代购买第一辆自行车开始，父亲骑的自行车经过了多次的更新换代，始终是他在老家时期的主要交通工具，遇到下雨天骑车不方便，父亲会步行，偶尔也会坐公交车。家乡公共交通的出现始于20世纪80年代，当时国营的公交车收费不高，但站点设置不够合理，对上车带的东西有很多约束，班次之间的间隔时间还很长，加上路况不好，坐在车上颇为颠簸，公共汽车上的乘客一直不多，这样公共汽车运行了一段时间也就停止了。后来有私人开的面包车在农村与集镇之间来回穿梭，收费比国营的公共汽车高，但司机招手即停，对乘客带东西会有比较人性化的处理，班次之间的间隔时间也不长，一段时间里生意还比较红火，父亲去集镇就会坐这种面包车。从最初的驾船出行，到后来的自行车出行；从乘坐拖拉机，到乘坐公共汽车；从走在乡间小路上，到走在四通八达的公路上，这就是父亲在老家的全部交通方式。

父母到上海后，尤其是父亲开始买菜、开始送小孩上学后，基于我自己在城市交通方面的教训，我们写了几条规则放在父亲的口袋里，基本内容包括外出一定要带好钥匙，走路一定要走人行道，过马路一定要走横道线，过交叉路口一定要红灯停绿灯行。父母也严格按照我们叮嘱的出门规则执行，除了后来年龄大了有些健忘，偶尔有出门忘带钥匙的情况，其他时候基本上平安无事。从农村世界走路和骑车的随意性，到城市世界走路和骑车的规范性，从农村世界的地广人稀，到城市世界的车水马龙，从农村世界与自行车相适应的交通观念到城市世界与机动车相适应的交通观念，父母过交通关应该说还算顺利，我想这可能得益于父母长期以来的责任心，这包括对自己的责任心，对子女的责任心，对家庭的责任心。

家乡的人们外出去地里干活，是不会给家里的大门上锁的，农村的家不仅仅是家人的家，也是家畜的家：家里养的鸡、鸭、鹅要进进出出；猫要在家里防范老鼠，时不时会跑到门外玩耍；狗会在门口蹲守，偶尔也会进屋试图找点吃的东西，家里的大门需要对这些家畜开放。农村是熟人社会，除了少数有点不良习惯的人，大多数人还是有着基本的行为规范，不会在大白天跑到人家家里拿东西。即便一家人外出走亲戚，家乡的习惯也是请亲戚朋友来照看一下房子，而不是把大门锁起来。所以，对于父母来说，他们要养成出门带钥匙的习惯非常不容易，尤其是父亲，因为锁门和带钥匙这些事情总归是父亲的专职。

当然，说父母顺利闯过了交通关，主要还是与父母的交通方式有关：父母平时外出以步行为主，节假日我们一起去公园游玩，因为父母好长一段时间内坐小汽车会晕车，我们一般选择坐公交车出行。相对简单的交通出行，让父母从农村世界进入上海城市世界后没有出现大的波折。如果是一个在职人员，在上海涉及的交通方式会比这复杂很多，会涉及骑车、开车、乘车的多重规则，闯交通关也会艰巨很多。农村世界的交通观念本来已经滞后于农村交通工具的发展，而城市世界的交通工具远比农村世界先进，要适应从无到有，从简单到复杂，从慢时代到快时代的交通观念与交通规则确实不容易，但从农村世界到城市世界的人们必须学习、了解、认同、遵守，否则就会付出生命的代价。

因为工作关系，我曾参与上海道路交通管理的立法研究。主管部门的朋友告诉我，上海交通管理的一个主要难题就是外来人口数量的急剧上升。他们提供的数据表明,1992年以前,上海外来人口不到100万,但到1996年,外来人口已达330万,农民工是外来人口的主体。材料上说外来人员交通法治意识淡薄,违章走路、骑车、开车现象比比皆是,当时外来人口和外来车辆在上海发生的交通事故占全市交通事故总数的四分之一。其中,乱穿马路和闯红灯又是主要的交通违章行为。

他们曾告诉我一个典型的案例,说是一个外来妇女乱穿马路,结果公交车司机紧急刹车,车上好几个人都受了一点轻伤。司机把车停下来,叫妇女上车,与几个受伤的人协商赔偿的事情。妇女上车后,几个人都在指责她,司机也说要把车开到公安局去。妇女先是苦苦哀求,请求大家原谅,后来看到大家群情激愤,她就从窗户纵身一跃,从行驶的公交车上跳下来了,等到司机停下来再看时,她刚好被旁边正常行驶的车撞倒,人直接没了。像这样因为乱穿马路而引发的悲剧还有很多,也引起当时政府和社会的普遍关注,轰轰烈烈的"七不规范"就是在这样的背景下出台的。

"七不规范"是指不随地吐痰、不乱扔垃圾、不损坏公物、不破坏绿化、不乱穿马路、不在公共场所吸烟、不说粗话脏话等基本行为准则。当时这七条行为准则被上海的媒体广泛宣传,各种宣传栏、黑板报以及能让人看见的地方都在宣传这个"七不规范"。当然,也有人认为"七不规范"是把成人当作幼儿园小朋友来管理,说这样的要求太低端,对成人应该有更高的要求。但随着这些宣传的深入人心,包括交通在内的上海的整体文明环境也在不断改善。

上海市公安局也在2000年发布《关于本市道路交通事故严格依法定责、以责论处的通告》，通告规定：为严肃交通法规，对一方当事人由于下列严重威胁道路交通安全的违章行为而导致交通事故的，认定其负事故的全部责任，负全部责任的一方当事人应当承担事故损害的全部后果，其他方当事人除了法规规定应当分担对方百分之十的经济损失之外，不承担赔偿责任。涉及行人负交通事故全责的是：行人在禁止行人通行的高速公路、外环线道路、内环高架道路和车行立交桥等道路上行走，与机动车辆发生交通事故；行人在有交通信号灯控制的地方违反信号规定，与车辆发生交通事故；行人在设有人行天桥、人行地道和漆划人行横道线处一百米范围以内，不走人行天桥、人行地道和人行横道而与车辆发生交通事故；行人不走人行道，在设有中心隔离设施和行人护栏的道路上钻越、跨越隔离设施或护栏，与车辆发生交通事故。这个通告还包含了涉及非机动车驾驶员和机动车驾驶员的十四条内容，通称"十八条"，这些内容后来被外地的媒体称为"撞了白撞"。

"撞了白撞"的规范性文件出台后，在全国引起了极大的反响，尽管上海出台的这些相关规定称不上全国第一家，辽宁省沈阳市人民政府1999年发布的《沈阳市行人与机动车道路交通事故处理办法》对此就已有明确规定，但在省级人民政府中，上海还是最早的。这个规定主要引发的争议就是行人的生命权与机动车的通行权谁轻谁重，行人作为相对于机动车来说的弱者，如何在立法上体现对于弱者的保护，以及行人的交通违法行为与其违法后果如何匹配等。我当时也参加了很多类似的研讨会，有法律学者说一个人的轻微违法行为，却要处以死刑，这样的规定违反了立法的基本精神。

学术界的讨论也非常热烈，这些讨论最终体现在当时全国人大常委会起草的《中华人民共和国道路交通安全法》里面，2003年正式颁布的该法第七十六条规定：机动车与非机动车驾驶人、行人之间发生交通事故，非机动车驾驶人、行人没有过错的，由机动车一方承担赔偿责任；有证据证明非机动车驾驶人、行人有过错的，根据过错程度适当减轻机动车一方的赔偿责任；机动车一方没有过错的，承担不超过百分之十的赔偿责任。这部法律的出台，在一定程度上是对所谓"撞了白撞"规定的纠正。上海和沈阳的规定是只要行人违法在先，那么行人就要负事故的全部责任，机动车一方哪怕没踩刹车，或者没有及时刹车，或者刹车失灵，都只承担百分之十的经济损失；而国家法律规定机动车一方有上述过错时，要承担部分赔偿责任，不仅仅是百分之十的经济损失。大部分情况下，只要是发生了交通事故，机动车一方几乎不会没有过错，国家法律规定中的"机动车一方没有过错"的情况几乎不会发生。

父母在上海的这段时间，正是上海交通大变化的时期，也是上海交通规则不断调整、完善的时期。上海确立了以公共交通为主的市民出行思路，地铁里程已经达世界第一，公共交通也已经从以公交车为主转向以地铁为主，各项交通规则也更加精细化和人性化。如在乘车方面，要做到不抽烟，不吃带有果壳的食物，不随地吐痰，不乱扔杂物；携带鱼肉等生腥食物乘车时，要妥善包装，避免弄脏他人衣服；携带重物、硬物、尖物或者易碎物品乘车时，要事先包装好，上车后恰当安放，以免碰伤他人；雨雪天要带好塑料袋，将雨伞放入塑料袋中，以免弄湿他人衣物；下车要提前准备，如需他人让路，应有礼貌地打招呼。所有这些规则，体现的是陌生人社会相互尊重、不给他人添麻烦的基本准则。父亲从未坐过地铁，当然也就不知道这些规则，但像他一样从农村世界来到城市世界的上班族确实需要了解这些规则，也需要遵守这些规则。

二十多年前外来人口急剧增加，是上海交通管理的主要难题，今天亦然。实际上，根据2021年第七次全国人口普查数据，上海的外来常住人口已经是当年外来人口的三倍还多，上海全市常住人口为24 870 895人，同第六次全国人口普查的23 019 196人相比，十年共增加1 851 699人。全市常住人口中，外省市来沪常住人口为10 479 652人，占比42.1%，同第六次全国人口普查的8 977 000人相比，十年共增加1 502 652人，增长16.7%，平均每年增加150 265人，年平均增长率为1.6%。一方面是急速增长的城市人口，尤其是外来常住人口；另一方面是需要不断完善的交通规则。如何让增长的人口与不断完善的规则相适应，确实是超大城市治理的难题。

城市在变，我们在变，父母也在变。这些年我们从多层房屋换成了高层房屋，父母不再需要爬楼梯。父亲不再晕车，遗憾的是母亲依然晕车，所以我们还是无法驾车外出游览上海的景点。

父母惊叹于城市交通的巧夺天工，虽然未曾感受那些最新的交通工具，但我曾带父母到小区的地下停车库参观过，父母也曾坐汽车穿越过高架、隧道，父亲说当年他们驾船在湖面上劳动的时候，怎么也不会想到会有这么多上天入地的交通方式，父亲总结说还是城里人聪明。

我们小区的地下停车库覆盖所有地面的房屋，每幢房屋都可以直接乘电梯到停车库。一天我停好车，突然想到父母还从未到地下停车库看过，于是到家后我对父母说想带他们参观一下停车库。父母随我坐电梯来到车库，看到停车库居然有这么大的面积，这么复杂的结构，这么好的通风，这么好的照明，这么规范的停车规则，父母很是感叹，说小时候他们也蹲过地洞，"跑老东"（躲避日本侵略军的烧杀掳掠），说那时的地洞都是挖在荒郊野外，上面用荆棘覆盖，他们在里面感觉又拥挤又潮湿，黑灯瞎火，阴森恐怖。现在的地下室与当年的地洞相比，确实是一个天上一个地下。

父亲曾在电梯里出过两次"事"，所以对电梯、对地下停车库有点心有余悸。一次是父亲一个人下楼，错把一楼按成了负一楼，这样父亲就到了地下室这一层。他从电梯走出来后又发现不对，于是就停在电梯口，想等等看看情况。过了一会，有人从车库上来，父亲对他们说自己要到一楼，不知道怎么上去，他们就帮父亲按了一楼的按钮，一起到了一楼。父亲后来说早知道这么简单，他当时回到电梯里再按一楼就行了。但这件事提醒了我，父亲以后万一坐错楼层怎么办，于是我带着父亲坐电梯，把上面的楼层和下面的楼层都走了一遍，告诉父亲坐过了楼层和坐不到楼层的处理方法，也把这个写在父亲经常翻的小本子上。

另一次是父亲在电梯内碰到电梯故障，电梯停止不动，但好在没停电，里面的照明和通风系统还正常。父亲能想到的办法就是给我打电话，那天还好我没在开车，如果当时我在开车，按照我的习惯，是不会接电话的。我让父亲把电梯内的维修电话告诉我，父亲报给我后我马上打电话过去，对方承诺马上派人来修。打完电话我再联系父亲，告诉父亲不要着急，马上会有人来维修，父亲说没关系，在里面和在外面感觉没什么不一样。担心父亲在里面害怕，我还是一直与父亲通话，直到父亲说电梯修好了，那些按钮已经正常，我才挂掉电话，但还是没忘叫父亲到家后再告诉我一下。父亲后来告诉我，他把这件事与小区保安说过后，保安告诉他电梯里面有一个绿色的按钮，上面有铃的图案，碰到这种情况，只需要按一下这个按钮，监控就会发现，也会派人过来维修。父亲说虽然有惊无险，但城里人考虑问题的周到，维修工作的及时，还是让他感觉到城市世界与农村世界在效率上的差别。

父母每每过黄浦江隧道时会感到有些紧张，当然这也是由于我的介绍造成的，之前过黄浦江隧道时我曾告诉父母我们正在经过隧道，上面就是黄浦江。父母听说我们是在黄浦江底开车，都有些紧张，说万一漏水怎么办。我说不会漏水的，有好几层钢筋水泥把隧道保护着呢。父母这才稍微放心，但还是叮嘱我以后少在黄浦江底开车。

说到越江隧道，确实也是上海一绝。20世纪70年代，打浦路隧道通车，这是中国第一条越江隧道通车。五十多年来，上海已建和在建的有近二十条隧道，这些隧道主要分布在黄浦江三十多公里岸线上，平均每两公里岸线就有一条越江隧道。这些隧道不仅大大方便了市民出行，更活跃了黄浦江两岸的经济文化交流，把浦东和浦西紧紧地连在了一起。更有长江隧道，把长兴岛和浦东也连在了一起。

我20世纪90年代到上海时，第二条越江隧道延安东路隧道已经通车，但同学告诉我，轻易不要走延安东路隧道，尤其是高峰期。我在学校读书时确实与延安东路隧道没有什么交集，也就对同学的叮咛没有太大的感受。工作后经常在浦东浦西两边跑，也同样受到一些"老法师"的提醒，但还是没有切身感受。直到有一天我们一位同事迟到了很久，面色苍白地来到办公室，我才对传说中的延安东路隧道有了更直观的认识。

记得是五月上旬，天气已经有些热，但同事那天还是穿了一件高领薄羊毛衫外套。她乘坐公交车从延安东路隧道经过，不出意外地被堵在隧道里了。那天不仅堵车，公交车还出了一点小毛病，所以在隧道里等了接近一个小时。同事说本来就急着要来上班，一遇堵车更加发慌，加上衣服穿得有点多，隧道里面又不通风，一会儿就已经满头大汗。要命的是公交车还出了毛病，司机下车修了一段时间，同事心急火燎加上浑身是汗，整个人差点虚脱了。好在后来车开出了隧道，她才没有出更大的洋相。我们安慰同事，也明白了能走大桥尽量不走隧道的道理。

后来陆陆续续建成的隧道，不仅在设计上更加科学，技术上更加先进，道路上更加宽敞，在照明和通风设计上也更加人性化。不仅如此，2003年通车的大连路越江隧道开创了国内逃生通道的先河，工程设计首次设置了江底联络通道，一旦出现紧急情况，人员可通过连接通道进入相邻隧道，确保人身安全。2010年通车的西藏南路越江隧道，是上海第一条设有多匝道的软土越江隧道，隧道首次引进了太阳能节能技术以及纵向通风技术，充分利用车道板下部空间排烟和通风设施，发生火灾时，人员可在无烟或少烟情况下逃生。

当然，上海的隧道和高架道路也有软肋。各地都发生过超高车辆堵住隧道的情况，上海的中环线也发生过因重型卡车通行引发桥面垮塌的事故。原本中环线是禁止货车通行的，但有一天居然有一辆重型卡车开上去了，而且还把路面给压坏了，造成中环线内圈中的一段路有一段时间无法通行，给习惯于中环线交通的司机造成很大困扰。当我把这个故事讲给父母听时，父亲对这个不遵守规则的人很是气愤，说这就像在老家交公粮，明明大家都在排队，但就是有人找了关系直接插队。父亲问这个违反规则的人是否有什么关系，我说这个人应该没有什么关系，但我没有告诉父亲，其实这个人也是外地过来的司机。

父亲在电视中看到火箭发射，看到航天员，看到能下到深海的载人潜水器，都会感叹人越来越聪明了。父亲说要掌握这么先进的技术，不知要学多少知识。我告诉父亲未来的人类可能会找到太空里适合人类生存的星球，人类的星际移民也是有可能的。父亲问我那怎么去呢，我说可能是宇宙飞船吧，父亲说要是那样的话，那人就不是人了，跟传说中的神仙差不多了。

父母再次回到老家后，说最近十多年农村世界也不用稻草及各类植物的根茎做燃料了，在公路上晒稻草及其他作物的情况已经不复存在，但新的问题又来了。为了省去麻烦，好多人就直接在地里点一把火把这些秸秆烧掉，说起来草木灰还可以肥田，这样做的结果就是浓烟滚滚遮蔽了公路，尤其是高速公路司机的视线，也会引发交通事故。于是，政府出台了相关规定，严令禁止在公路边焚烧稻草或者秸秆，这些规定因为执法成本较高，要严格执行应该有些难度。看来，增强人们的公共意识，让人们在方便自己的同时不危害他人，做一个现代社会的公民，应该也是促进农村社会转型的应有之义。

　　父母的责任感让他们在跨过城市世界的交通关面前没有碰到太大的障碍。其实，无论是从农村世界到城市世界，还是从地球世界到太空世界，有一份对人对己的责任感，就会主动学习、了解和适应各项规则。在所有这些规则中，公共利益优先、人类利益至上又应该是元规则，就像阿姆斯特朗登上月球时所说：这是个人的一小步，却是人类的一大步。

面对医疗关：新型农村合作医疗与城市社保

"病来如山倒，病去如抽丝。"

人吃五谷杂粮，总有生病的时候，但如何对待生病或者说受伤的同类，却区分着野蛮社会与文明社会。进入文明社会后，人类先是有巫师，后是有医生来处理各类疾病，尽管这些"巫"和"医"对病人来说并非全然有效，但随着医疗技术的飞速发展，人类平均寿命在不断增长是不争的事实。

父母在老家的时候，生病就医相关的医疗保障经历了一个从无到有的过程。很长一段时间，父母看病都是自己花钱，好在长期的风里来雨里去锻炼了父母的体魄，一直到七十多岁，除了父亲因为腿上皮肤方面的毛病曾住院治疗，母亲因为阑尾炎做过手术之外，父母没有生过什么大病。偶尔有点头疼脑热，父母也是用土办法解决，似乎也还有些成效。

20世纪70年代，老家还有类似"巫术"的方法来处理人的生病问题。比方说有人觉得不舒服，会去找那些懂点法术的人看看。这些人会把鸡蛋煮熟后剥壳,待鸡蛋还有热度时在病人身上滚来滚去,然后根据鸡蛋发黑的部位确定病根,基本上结论都是与鬼神的冲突之类。有时是在家里动刀伤到了门神,有时是说的一句什么话得罪了祖宗,有时是在哪里挖土碰到了土地神,病人会根据法师的指点,给鬼神烧香,磕头,然后说点赔罪的话,似乎过几天也就好了。

不过有些病不是鬼神惹的祸,还是有一些治疗方法。比方说喉咙疼、牙疼,或者口腔溃疡,老家的说法叫"上火",通常会用鸭蛋来处理,据说鸭蛋是凉性的。做法是把鸭蛋洗干净,在壳上敲一个洞,然后将蛋液生吞下去,若"上火"严重,可能一次要吞两到三个鸭蛋。父亲生吞鸭蛋是熟门熟路,但我小时候"上火"后始终不会生吞,母亲会把鸭蛋用开水打成蛋花,再放点糖让我喝下,似乎也有效果,但父亲说还是生吞效果好。

还有用鸡蛋清和艾叶治疗淤食(吃东西以后不消化,人没有胃口,不想吃饭)。父亲会找来艾叶,放在一个小酒杯里,捣碎,然后加入鸡蛋清,搅和后用薄布蒙住,扎紧袋口,最后用鸡蛋清和艾叶的汁液隔着布在肚子上磨来磨去,老家称为"开胸",基本上这样"开"一次就会好起来。

鱼腥草是治疗肠胃类毛病的必备之物。老家似乎很多地方都能找到这种草,父亲会挖来一些,放在家里备用,母亲偶尔肠胃不舒服,都会用鱼腥草泡开水喝。

外科方面的毛病就只有找医生了。我读初中时,父亲腿上患过皮肤病,刚开始父亲还想扛过去,后来听人说这个皮肤病有传染性,不治好会传染给家人。于是父亲请二叔和三叔陪他到县城医院去治疗，似乎还在医院住了几天。

新型农村合作医疗制度的推行，应该也就是二十多年前的事。由政府组织、引导、支持，农民自愿参加，经个人、集体和政府多方筹资，是以大病统筹为主的农民医疗互助共济制度，这为父亲的生病就医提供了最基本的保障。刚开始父亲他们大概一年交一百多块钱的保险费，但保障的范围、标准也比较有限，后来，随着缴费标准逐年提高，以及国家财政补贴力度的加大，保障的范围不断扩大，保障水平也不断提高。当然，这里的保障主要还是大病保障，如果是一般的门诊，还是以自费为主。

父亲说不是每个人都愿意交这笔保险费，主要是有些年轻人觉得自己身体好，交的钱派不上用处，还有的人离开老家在大城市打工，一般生病也会在大城市医治，但大城市又不能用老家的医疗保障卡，即便是可以回到老家报销，但报销的比例比在老家医治要低，而且报销的手续还比较复杂。当然，还有一些因为经济原因交不起这个保险费用的，父亲说针对这类人群，政府也有救济手段。

父母来上海后，依然在老家缴纳新型农村合作医疗的保险费，但很长一段时间内，还是只有住院才能享受报销，一般的门急诊只能自费。如果说父母来到城市世界后有什么特别遗憾的事情，那一定是生病就医这件事。父母怕生病后花我们的钱，尽管我们说生病又不是自己想的，就医的费用我们也能承受，但父母依然会为生病就医花费了我们的时间、精力和金钱而自责，为他们在上海的住院治疗花费而感到歉疚。

牙疼是父亲来上海后经常犯的毛病，老家有个说法，叫作牙疼不是病，疼起来真要命。刚开始，父亲还是想用土办法来对付，但吃了鸭蛋后始终不管用，加上我们一再催促父亲要去医院，于是父亲同意由我陪他去医院看看。

医院离我们当时住的房子不远，我一天上午请了假，与父亲从家里一起走到医院。在路上的时候，父亲问我耽误了工作是否要紧，我说没关系，大家家里都有老人小孩，是可以理解的，再说有些事情我们还可以电话处理，实在不行的话晚上也可以加班，都是有办法解决的，父亲这才放下心来。

到了牙科门诊我才知道，这里不仅看牙科的人多，而且看得慢，因为要进行仪器检查等环节。我看到在这里排队的基本上都是本地上了年纪的人，于是对父亲说，人上了年纪，总归会有各种各样的毛病。我想安慰父亲在这里耐心等待，但父亲看到这些老人都有医疗保障卡，还是有些黯然神伤，说人与人是不一样的，人家有医疗保障卡，看得起病。

确实，我们国家的医疗保障制度，在很长一段时间是将农民排除在外的，后来虽然有了新型农村合作医疗保障制度，但其实不论是医疗保障，还是整个社会保障，农民与城镇职工和城镇居民相较而言，存活在不同的保障体系中。如果两种保障体系是在原来封闭的环境里运行，倒也相安无事，但随着人员的大规模流动，尤其是大批农村的年轻人来到城市就业，两种保障体系的不相容就充分体现出来了。即便年轻人在老家有新型农村合作医疗保险，到城市就业后还必须按照规定缴纳"四金"或者"五金"，这样他付出的是双重保险的费用，但在生病就医时却只能享受一份保障。至少在当时,没有新型农村合作医疗制度与城市医疗保障制度之间的衔接方案,这也造成当时城市社保缴费的困境:企业因为成本增加不愿为农村户籍的职工缴纳社保,职工因为没有实际收益也不愿缴纳社保,于是企业与员工达成默契,共同规避社保缴费。

陪父亲看医生的时候,我担心父亲说的家乡话医生听不懂,于是在旁边当翻译。好在医生看后说问题不大,是牙周炎,只需要配些消炎药和止疼药就行,如果疼得厉害,就吃点止疼药。医生说的话父亲听懂了,看到不是需要动手术之类的毛病,父亲这才放下心来。

我让父亲在门诊大厅休息,我去付好钱,领好药后,与父亲一起回家。父亲问我花了多少钱,我说钱不多,父亲说肯定很贵的,老家买这些药也要花几百块钱。我坚持说上海这边的医院收费规范,不会漫天要价,父亲也没坚持,但此后我陪父亲到医院看病,父亲再也不问我花了多少钱,他知道我不会告诉他实话。

那次回家的路上,父亲讲起我小时候发水痘的事。那次生病我也有点印象,大约是在五六岁时,刚开始只有手上、腿上有水痘,很快发展到脸上、身上到处都是,又疼又痒的水痘弄得我非常难受。当时还是人民公社时期,父亲带我到大队的赤脚医生那里检查,医生很快就作出了判断,给我配了药并交代了一些注意事项。父亲说多亏那个医生,水痘在我身上几乎没留下什么痕迹。

赤脚医生是人民公社时期农村里没有纳入国家编制的非正式医生,他们掌握一些卫生知识,可以治疗常见病,能为产妇接生，在降低婴儿死亡率和根除传染病方面作用很大。赤脚医生通常从中医世家或者是接受过初中、高中教育的年轻人中选取，随后到县卫生学校接受短期培训，结业后就可从业。这些人没有固定工资，既是农民也是医生，农忙时务农，农闲时从医，或者白天务农，晚上从医，是农村世界令人尊敬的人物。

父亲说那天我运气好，碰到的那个医生其实还不是严格意义上的赤脚医生，而是一位真正的医生。他本是县人民医院的医生，因为是"右派"，也就是与地主、富农、反动派、坏分子并列的"地富反坏右"，被下放到我们大队劳动改造。大队看到他有专业特长，就让他在卫生室帮助本地的赤脚医生，由赤脚医生监督他劳动改造。赤脚医生知道他医术高，非但不监督他，反而还不断向他学习请教，于是水平也提高很多。父亲说其实大家都很尊敬这位医生，并没有因为他是"右派"而对他有什么歧视。

有一段时间父亲的牙齿似乎总是出状况，于是我有时直接配好药给父亲，有时会带父亲来医院，那里的医生还给父亲拔过牙齿。父亲也很坚强，即便当天拔了牙齿，晚上也不休息，坚持给我们做晚饭。

到了晚年，困扰父亲的主要是三大毛病：帕金森、并趾症和脑梗。帕金森让父亲手抖，并趾症让父亲行走困难，而脑梗则是致命的。困扰母亲的则是阿尔茨海默病，俗称"老年痴呆"。

父亲第三次到上海后，我们为父亲配好了智能手机，想着父亲也可以与我们一样，共享信息社会的科技成果。当我教父亲在手机上划来划去时，发现父亲的手有些不听使唤，不碰手机还好，一碰手机就抖得厉害。父亲说其实他手抖已经有一两年的时间，但他没当回事，好在老家也没有多少需要用手按的产品。到了上海以后，不仅是手机，还有好多家电产品，都是要用手按的。其他的父亲都有办法对付，就是没法用手指划手机。第二天我就带父亲去医院检查，医生说这是帕金森的症状，但目前似乎也没有什么好药，建议随访。父亲听说不用花我们的钱，很高兴，出来后对我说，"我就说了没什么大事吧，这个病不疼又不痒，没什么可担心的"。

父亲左脚上的两个脚趾架在一起已经有几年的时间了，我以前不知道，父亲也从来没说过这件事对他的影响。有一天，父亲突然说脚疼得厉害，于是我带父亲去医院，骨科医生说这种情况需要做手术，但也可以保守治疗。父亲听说可以保守治疗，就说还是保守治疗，不要动手术。我后来也咨询了骨科专家，专家也说还是先保守治疗，如果实在疼得厉害再考虑动手术。医生给父亲配了一些药，但父亲吃了这些药以后感觉肠胃不舒服，于是就把药停掉了。然而，这个毛病后来对父亲的影响却越来越严重，以至于父亲走路都有些困难，说在家里洗碗时每洗完一个就要休息一下。

父亲在七十多岁时被发现有脑梗。那次父亲正在与一些人一起挖藕，挖着挖着父亲突然觉得手脚不听使唤，于是从泥地里爬出来，想往干净的地方走，刚走了几步就两眼发黑倒在地上。一起挖藕的同伴赶紧把父亲扶起来，一边帮父亲做一些清洗，一边派人通知母亲。等母亲走到挖藕的湖边，父亲已经苏醒过来，说刚才就是一下子感觉很疲惫，就像做梦一样。随后父亲又恢复了正常状态，与母亲一起回到家里。

父亲在老家的挖藕工作曾经遭到我和姐姐的反对，但父亲当时身体尚好，坚持要去活动活动，用他自己的说法是也要有点事情做做。其实，挖藕的工作是一项既需要体力也需要技术的事情，要知道哪里的藕会比较多，要知道挖多深，挖的时候还要小心翼翼地以防藕断开，这些都是技术活。光是在淤泥中站上几个小时就已经很累了，更不要说还要把淤泥挖开，把藕从淤泥中拔出来。这次事件对父亲也是一个警醒，从此父亲不再挖藕。

第二次中风也是在老家，与第一次隔了一年左右的时间。正是因为有了第二次中风，我和姐姐商量再次把父母接到上海。父亲到上海后，我陪着他去医院做了比较全面的检查，检查下来各项指标都还好，除了心血管方面。医生建议父亲不要再喝酒，父亲也答应了。从此，父亲在戒烟多年以后，把酒也戒掉了。

农历十月似乎总是跟父亲过不去，父亲两次中风都差不多在这个时候，第三次也是在这个时候。也是在一年之后，那天早晨六点多钟，我接到父亲的电话，说他现在很不舒服，估计是脑梗的毛病又发了。其实，当时父亲都已经没有力气打电话了，但因为母亲不会打电话，父亲东倒西歪地走到楼下，请保安拨通电话后与我讲话。当时正值交通早高峰，我开车到父亲这边时已经是接近一小时之后。我想让父亲尽快得到救治，另外我觉得既然我们老家的医院都能把父亲的中风治好，上海这边的医院应该更没问题，于是我把父亲送到我们家门口的二级医院，而没有把父亲送到稍远的三甲医院。后来发生的情况表明，我的决策是错误的。

父亲到医院时已不能走路，我找来轮椅，推着父亲到急诊室。医生让我们先做检查，我说应该是脑梗复发，医生说还是要做检查后再判定。

一顿检查做下来，父亲已经是有气无力，我们再次回到急诊科，医生说是脑腔梗，父亲很快就吊上了水。不一会儿，医生通知我急诊科病房还有床位，于是我把父亲安置到病床上，想到父亲还没吃早饭，我问父亲是否要吃一些东西，但父亲似乎连说话的力气都已经没有了，只是摇摇头。

我开始给姐姐打电话，请姐姐过来照顾母亲，因为此时母亲还未吃早饭。随后我接到姐夫的电话，姐夫说他准备尽快赶过来，我说没必要，白天我可以在医院陪护父亲，晚上请姐夫陪护。

药水下去后父亲似乎情况好了一些，人也精神了一点，开始跟我说话，说现在感觉很难受，手和脚就像没有知觉一样，我把情况告诉医生，医生说要有一个过程，不可能药到病除，我也拿医生的话来安慰父亲。

随后我开始办住院的相关手续，在医院的小超市买了一些必需品，等我回到父亲身边时，看到父亲似乎睡着了。

中午医院食堂的客饭送过来时，我把父亲叫醒，让父亲坐起来吃了一点饭，父亲似乎恢复了一些，把饭菜都吃完了。

下午姐夫过来时，父亲似乎精神好了一些，还与姐夫说了一些闲话，但他依然感到手脚不听使唤，我继续拿医生的话安慰父亲。同时，我把姐夫陪夜的相关事情安置好，还回到家里拿了被子过来。

就这样在急诊科的病房里吊了两天水,依然是我值白班,姐夫值夜班,父亲的精神似乎又好了一些,问母亲在家里的情况怎样。我们告知父亲姐姐已经在家里照顾母亲,请父亲不要牵挂母亲,安心在医院养病。其间姐姐还带了小孙子来医院探视父亲,看到活泼可爱的小家伙,父亲的精神状态又有明显的改善。我当时还暗自想,看来让父亲住在家附近的医院是对的,这样姐姐下午来医院、姐夫白天回家休息都比较方便。

情况在第三天发生了变化。这天上午我到医院来接替姐夫,就听到姐夫说父亲精神很差,我刚与父亲打招呼,父亲就哭了起来,说吊了两天的水,不但没有改善,还把两条腿都弄得没法动了,这样下去活着还有什么意思,不如死了算了。我安慰了下父亲,就去找医生。医生说从目前的情况看,肯定是不能恢复到以前的状态了,能够恢复到什么程度要看情况。我这才开始为自己的疏忽感到悔恨,于是我与一位神经内科的医生朋友联系,说明了情况,看看还能采取什么补救办法。

朋友说你怎么能让父亲在急诊科住院呢,急诊科是治疗小毛病的地方,像父亲这样的毛病一定要到专业科室治疗。随后,朋友让我找医生把这几天用过的药给她看,看过以后再说。我马上去找了医生,医生也很快把这几天用过的药给我拉了清单,我再发给朋友。

朋友看过后说大方向没问题,但还是有瑕疵,有该用的药没用,不该用的却用了,让我尽快转院。但朋友也告诉我,不要责怪医生,医生决策有误是因为水平不够,不是主观故意,没有一个医生不想把病人治好。我听从了朋友的建议，找了医生要求转院，由于当天那家大医院还没有床位，我们讲好了第二天转过去。我也把用药的事情与医生说了，医生同意我朋友的判断，并说今天可以用朋友提到的药。

我把准备转院的事与父亲说了，并向父亲道歉说当初选择医院有失误。父亲听说要转到更大的医院，也停止了哭泣，但又开始担心要花很多钱。我劝慰父亲说现在他的医疗保障卡已经可以在这里的医院使用，我也请老家的卫忠叔办好了相关手续，这样算下来不会有太大的花费，父亲这才平静下来。

国家这几年在异地医疗保障衔接方面确实有了很大改善，也可以说是农村世界的医疗保障与城市世界的医疗保障对接方面有了很大的改善。父亲的医疗保障卡只要在老家的合作医疗办公室做了登记，告知在上海所住的医院，再提供相关个人信息，就可以直接在上海的医院结账，医院扣除掉老家基本医疗保险统筹基金支付的金额后，再向个人收费。这种跨省异地就医住院直接结算政策，确实大大方便了像父亲这样的病人。

也许是对大医院充满了信心，父亲这天精神还好，开始说起第二次中风后在老家治疗的情况。说当时比这次还要严重，但在医院的第三天就已经基本恢复，手脚都已行动自如。然后告诉我有很多亲人去看他，大家都给了红包，他也记在本子上，以后要把这笔人情还掉。我安慰父亲说要相信医生，总归会有办法的，人情也是可以还掉的。

第二天早晨我们兵分两路，一路由小外甥在当前的医院办理出院手续，安排救护车送父亲去大医院，一路由我去大医院办入院手续。朋友提醒我大医院无法停车，于是我乘出租车过去，但那天下雨，我在外面等了好长时间也没等到出租车，到我总算坐上出租车时，小外甥已经电话过来，说他们已到大医院。

我到大医院时父亲已经在床位上安顿下来，随后我们按照要求去做了相关检查，我也办好了住院手续，然后去找医生。医生说从CT情况来看，父亲这次比上次严重，主要是小脑已经有部分细胞坏死，还有就是颈部血管阻塞百分之七十三，医生判断要完全恢复已不可能，但治疗一段时间后应该可以实现生活自理的目标。

我把大致情况告诉了父亲，但我向父亲隐瞒了医生说的完全恢复已不可能的话，我怕父亲接受不了。但父亲从小脑细胞坏死和血管阻塞这些话里已经听出来这次比上次严重，说难怪到现在两条腿都动不了，我安慰父亲说大医院的医生水平高，让父亲安心住院治疗。这时候姐夫打电话说他准备过来陪夜，我这才想起刚才与医生交流时医生说过，他们这里条件有限，家属不能陪夜，要找护工照顾。于是我告知姐夫不必过来，然后去护士台请好了护工，并带护工来与父亲见面。父亲听说要靠护工照顾，有些不放心，但我们也只有这个选择。

此后几天，我还是每天来看一次，平时都是护工照顾。父亲似乎也有些好转，想起进医院时没带剃须刀，现在胡子已经很长了，让我带一把电动剃须刀过来。我带了新的剃须刀过来，帮父亲刮好了胡子，父亲看上去也精神不少。

其间发生了一件事，让我再次感到内疚。四姑妈与表弟一起来医院探视父亲，交流过一些情况后，父亲又在那边大哭，四姑妈劝了好半天才止住。当时我不在场，从医院出来后四姑妈给我打电话，说父亲主要是觉得治病要花钱，还要花费我们的时间和精力照顾他，感到惭愧，说还不知道要住多久，不知道能够恢复成什么样子，对于自己今后可能需要人来照顾而感到担忧。我对四姑妈说医生说过应该可以恢复到生活能自理的程度，也把父亲的病情简要地说了一下，说这一次确实比上次严重得多。

  我感到内疚的是，父亲目前的状态与我当初的选择有很大的关系，而且父亲发病前一天晚上我没与父亲联系上，如果联系上说不定当晚我就会住过去，这样情况可能就完全不一样了。那天晚上我在外面，给父亲打电话时发现座机电话占线，过了半小时再打过去，发现还是占线，我判断应该不是父亲在打电话，可能是座机电话坏了。我原本想着过去看看，但想到父亲有手机，如果有什么情况，父亲会给我打电话的。如果我当时再打父亲手机确认一下情况，也许父亲会把他下午就有些不舒服的情况告诉我。母亲后来告诉我，其实父亲下午就已有点不舒服了，但晚上我没能联系上父亲，父亲又以为我在忙工作，也没给我打电话。第二天凌晨病情更加严重后，父亲怕打扰我们休息，一直在那里强撑着，直到天亮后知道我们已经起床，父亲才从房间出来，请保安联系我。虽然有些阴差阳错，这病但到底还是父亲总为我着想给拖出来的。

  当天来医院后，我又与医生交流了一下，医生再次确认父亲可以恢复到生活能自理的程度，说目前还是一天天在好转。同时，医生与我商量，问我们是否考虑做造影手术，并在造影手术后做支架手术，通过人工干预解决血管阻塞问题。

我把与医生交流的情况和父亲沟通，父亲听说今后生活能自理，还是有点开心的，因为这几天父亲似乎已经做了最坏的准备。但对于造影手术以及随后的支架手术，父亲坚决反对，说不知道还能活几年，花那么多钱动手术也不能恢复到正常状态，没有必要。我说会尊重父亲的意见，但我还要与医生朋友商量一下再做决定。

我又向另外一家大医院的朋友咨询了造影手术的事情，朋友说目前这样的技术还是很成熟的，手术后应该会有所改善。但小脑细胞坏死是不可逆的，因此而造成的影响也很难通过手术来补救。朋友说，按照目前的情况，可以恢复到生活能自理的状态；做手术，能够改善手和脚的运动功能，但也存在一定风险。朋友建议我与父亲商量后再决定，我把朋友的想法原原本本地告诉父亲，父亲说还是不做手术。

此后几天，父亲一天天好转，但左手和左脚已经不可能完全恢复，他的左手不能完全伸直，手臂只能伸展到与肩同高，左腿也无法灵活弯曲，但已经能扶着我走路。医生说以后要用拐杖了，我们给父亲买了拐杖，父亲依靠拐杖已经可以自己走一段路。

父亲在这家医院住了十一天。我去办出院手续时，发现父亲的医疗保障卡竟然可以支付超过总金额四成的费用，感受到父亲他们也开始享受社会发展的成果。

父亲住院期间，一直是姐姐在家里照顾母亲。现在父亲回来了，我与姐姐商量，想再请姐姐在家里照顾一段时间。大约一个星期之后，父亲就说他已经基本恢复，可以自己烧菜做饭，让姐姐回去照顾孙子。

我有点不放心,就利用中午时间来父母这里。父亲说他已经和母亲一起买了菜,有些他不方便切的菜就让母亲切好,其他都可以一个人完成。看着我疑惑的神色,父亲把他的操作流程给我演示了一番,还说老天爷在拿掉他的一只手和一条腿的同时也给了他一些好处,现在两只手都已经不抖了,又可以像以前一样干活了。我看着父亲因为觉得自己还能做事情而开心,也就放下心来。

此后,父亲按照医生的嘱咐,没事就在家里做一些基本的康复训练,有时还到小区的健身器材那儿去锻炼,手的功能确实一天天在恢复。但随着冬天的到来,父亲左手和左腿开始变得冰冷,我们给父亲买了充电的暖手宝,买了暖脚器,似乎也能对付过去。

不过,中风的后遗症从此开始伴随父亲,不仅是手脚不灵活,更严重的是父亲偶尔会觉得两眼发黑,好像就要倒下去。好在父亲发作的时候都是在家里,坐在沙发上休息一下,也就挺过来了。其实,这个毛病不仅给父亲带来身体上的打击,更严重的是带来心理上的打击,让父亲有了一种"我现在就是个残疾人"的自惭形秽,尽管我们一再安慰父亲说能够恢复到这种状态已经很好了,但父亲很长一段时间都难以接受这种从一个健康人到所谓的"残疾人"的事实,心理落差也很大。父亲曾问我,"我现在这个样子,做出来的饭你们还敢吃吧",我说当然敢吃。事实上,我曾与父母朝夕相处两个多月的时间,每天的早餐都是父亲做的。

父亲刚从医院回来时要吃四到五种药,刚开始是我带父亲到附近的医院复诊，后来医生说不用病人过来，家属直接来配药就行了。于是我隔一段时间就会帮父亲配好药再拿给他，这样一直持续到两年前发生新冠肺炎疫情。那次上海新冠肺炎疫情虽不严重，但我们都严格按照规定少聚会。眼看马上就要到春节，我与妻子商量，年夜饭就在自己家里吃，父母这边也是他们二老自己在家里吃饭。我把疫情的情况告知父亲，父亲说他从电视中也已经知道，大家都要以安全为大。于是这年春节我们没有像往常一样团聚，大年三十晚上我给父母打电话，母亲说父亲弄了七八个菜，年夜饭还是像模像样的。

那段时间口罩还是稀缺品，因为上海经常会有雾霾，我们平常会准备一些防雾霾的口罩，也在父母这边放了一些。疫情发生后，我们提醒父母下楼一定要戴口罩。后来说这种防雾霾的口罩不如医用口罩，我们开始购买医用口罩，好不容易弄到一点口罩后，我赶紧给父母送过去，同时告知父母正确佩戴口罩的方法。父母说活了八十年，还没看到过这么严重的传染病。

三次中风发作后，父亲的身体就大不如前了，病痛最终让父亲离开了我们。我知道，父亲最不愿意发生的就是他在大医院住院时看到的情况：一位老人躺在病床上，只有喉咙偶尔传来的粗重的呼吸声还能表明他尚在人世，几个子女轮流看护，但一个个都筋疲力尽。父亲当时就对我说，久病床前无孝子，不是孝子的问题，是老人的问题，他不会等到这一天这样拖累子女。我当时还劝慰父亲，说赡养父母是子女的责任，父亲也没再说什么。

母亲七十多岁时因为盆腔肿块做过一次大的手术，是在上海这边的肿瘤医院做的。后来她摔跤导致腰部骨折，也是在上海的瑞金医院做了髋关节置换手术。再后来母亲罹患老年痴呆症，我也陪她去医院看过，给母亲配过相应的药物。母亲住院期间都是姐姐在照料，我们没有请专门的护工。如果家里无人照料，请护工的费用也是一笔不小的开销。什么时候我们的医保能够兼顾到护工费用，或者医院的护理制度能够更加人性化，让病人能够安心养病，让家属能够安心工作，让护工能够有正常的居住和休息环境，从"病有所治"到"病有善治"，那或许就是我们真正安心的时候。

母亲再次因为摔跤而昏迷不醒后，表哥把母亲送到医院时填写过医保的相关申请。我们把母亲从重症监护室转到普通病房后，相关人员曾到病房来与我们核实情况。他们说如果是在家里摔跤，或者是在政府办的公益养老院摔跤，母亲医保中的意外伤害险是可以赔偿的，但如果是在收费的民办养老院摔跤，他们无法理赔，因为养老院存在相关责任。姐姐说即便是我们自己照顾母亲，也不可能保证母亲不摔跤，于是我们放弃了医保理赔，也没有去追究其他人的责任。母亲一生善良，我们就代替母亲做最后一次与人为善的选择吧。

从几十年前的"巫术"治病，到后来的大医院治病；从完全由自己花钱治病，到医疗有部分保障，新型农村合作医疗的统筹基金可以支付超过四成的费用（如果在老家医院治病，医疗保障支付的比例还会更高一些）。应该说，父母还是享受了社会文明进步与发展的成果。不过，对于父母这一代人来说，这些保障似乎有点姗姗来迟，如果他们年轻时就能享受城市世界的医疗保障，定期体检，接受良好的治疗，有国家的保障，他们可以在晚年生活得更加自信，更加洒脱，而不用总是担心自己会成为子女的累赘。

死去元知万事空，但悲不见医保同。父母有期盼，但没有交代我到了"同"的那一天要"家祭无忘告乃翁"。或许再过若干年，父亲所黯然神伤的"人与人不一样"会变成"人与人都一样"，相信那时父母也会含笑九泉。

四

父亲与母亲都走了,按照老家的说法,我就成了「大人」。尽管,我们终会有成为「大人」的一天,但我们总希望这一天越晚越好,让我们能够在父母的有生之年尽到我们的孝心,不要出现「子欲养而亲不待」的情况。

送别父亲

音容宛在，德泽犹存。

父亲走时我不在他身边，那天早晨九点多钟，是四姑父打电话告诉我这个噩耗的。

挂了电话后我的大脑一片空白，我知道这是事实，但又难以置信。昨天晚上我还同父亲通过电话，让父亲多准备一些年货，我们春节回家过年，父亲也答应得好好的，怎么就突然走了呢！正在考虑怎么回去的时候，我又接到二姑父电话，二姑父说按照老家的习俗，遗体要尽快入棺，入棺后有两个选择，一个是在家办丧事，一个是在殡仪馆办丧事，由殡仪馆提供一条龙服务，问我们选择哪个方案。我对二姑父表示了感谢，说想与姐姐商量后再定。

考虑到上海又现新冠肺炎疫情，不知家乡疫情防控方面对返乡人员有什么要求。我一边让女儿查询家乡政府对返乡人员的管控规定，一边打电话给大外甥，告知他消息并让他也关注一下相关政策。随后我开始收拾衣物，同时在想要请哪些亲朋好友来参加父亲的葬礼。

大外甥很快打来电话，告知返乡需要做核酸检测，并告知已经准备带家人去做。我也收拾好了行李，与妻子商量到最近的医院去做检测。下楼时我给姐姐打电话，商量下来还是准备在家里办，父亲爱热闹，如果疫情防控政策允许，我们就在家里给父亲热闹一下，也算是满足父亲一个心愿吧。我将商量的结果告知二姑父，二姑父表示就按在家里办的方案来做准备工作。

上车前我又接到登弟的电话，说他准备立刻从贵阳启程回家，同时问我是准备在家里还是在殡仪馆办丧事，我说已与姐姐商量好在家里办。登弟说在家里办有很多规矩，近几年他参加过一些丧事，基本清楚老家的礼数，可以统筹并分担完成很多事，让我到时候按照他的要求做就行了。我谢了登弟，开始开车去医院做核酸检测。

到了熟悉的医院，我居然开车兜了两圈没找着地方。这时的我，已经接受父亲走了的事实，想到与父亲在一起的点点滴滴，我的眼泪忍不住流下来，脑海里尽是与父亲在一起的画面，但我知道自己在开车，要去医院做核酸检测，需要控制自己的情绪。

好不容易找到医院，被告知做核酸检测的地方在消毒，需要等待至少半小时。我利用这半小时的时间去医院附近吃了午餐，尽管一点也吃不下，但我告诉自己必须得吃，还有繁重的任务在等着我，这个时候我自己的身体不能出任何差错。

吃饭期间接到姐姐电话，说他们已做好核酸检测，准备买回去的火车票，问我是否已买好票。我告诉姐姐尚未买票，姐姐说可以一起买,我于是把信息发给小外甥,一起买了下午三点多钟的车票。

等我吃好午饭回到医院时,核酸检测窗口已经开放,我按部就班地做好检测,此时距离火车出发时间已经不足两小时,而我还需返家,从我家到火车站还要大约半小时的车程。

到家之后我拿起行李就走,妻子已帮我订好去火车站的出租车,在约定的上车地点稍等了一会儿车就过来了,司机问我是按照平台给定的路线走还是另外导航走,并说平台给定的路线是从内环走,比较堵。或许是冥冥之中父亲给我的启示,我想也没想就说按导航走,果然我们导航上了中环后一路无阻,竟然只用了二十多分钟就到了火车站。其间我将噩耗告知了表哥和南弟,后来才知道我这是忙中出错,应该先将消息报告我的叔叔以及其他长辈,这也是我们家乡办丧事的规矩之一。

在车站与姐姐一家和四姑父、四姑妈一行汇合后,我们紧赶慢赶地上了火车。坐上火车后我紧绷的神经开始松弛下来,眼泪又忍不住流了出来,以前看到"奔丧"的字眼没有任何感觉,现在身临其境,个中所含的凄凉与仓皇才算切身体会。考虑到身边其他人的感受,我忍住眼泪,开始打电话,落实火车到站后的用车安排。

登弟告诉我他和平妹夫会比我们提前一小时左右到车站,计划租两辆车一起回去。我告知姐姐租车的事,姐姐说:"两个外甥刚刚已经租了一辆车,能坐五个人,今后几天可以一直用,走的时候再还掉就行。"我通知登弟退掉一辆车,并与南弟联系了解进程。南弟说会先我们一步到家,有些礼数他可以先开展起来，而且家里有二姑父在张罗，让我安心返家。

与登弟和平妹夫汇合已经是晚上九点了，上了租来的车后，我们告知二姑父约十点半可以到家，二姑父告诉我入棺前的所有准备工作都已经做好，只等我们回来商量如何办丧事、如何修整墓地、如何立碑等具体事宜。

车开得很快，但我还是觉得慢，恨不得一下子飞回家。想到以前回家都是父亲在家里盼着我们，看到我们到家，父亲满心欢喜，这次回去再也看不见父亲慈爱的笑容，再也听不见父亲爽朗的笑声，我禁不住又悲从中来。登弟安慰我，说按照家乡的情况看父亲已是高寿，我们按照老人家的遗愿把后事办好，把母亲安置好，老人家也会安心上路。我们做的这些都是分内之事，亲爱的父亲，"黄泉无旅店，今夜宿谁家"？我们很快就会到家，而您今夜会在何处漂泊？

总算到家了。众多在家乡的亲戚都已经过来，二姑父带着我来到父亲的遗体旁边，我看到父亲被安置在一块毛巾毯上，衣帽都已经穿戴整齐，胸口放着一颗鸡蛋。我忍不住嚎啕大哭，二姑妈、三姑妈和四姑妈也围着父亲的遗体痛哭。三姑妈因为是父亲离世前见过的最后一位亲人，哭得更为伤心。我猛然意识到几个姑妈都上了年纪，又体弱多病，不能这样伤心过度，于是我忍住眼泪，开始劝几个姑妈不要痛哭。我对二姑妈和三姑妈说，父亲和母亲从上海回来后，受到几个亲人无微不至的照护——刚回来的时候洗衣机没装好，三姑妈天天过来把父母的衣服带回自己家洗，第二天再拿干净的衣服来换脏衣服；二姑父和二姑妈每天都会过来看一次甚至几次，父亲要出去买东西或者办事情都是二姑父做驾驶员，甚至二姑父还把自己的电动车从原来的敞篷车换成了全封闭的车，以方便父母乘坐。姑父、姑妈和婶娘已经尽了自己全部的能力来照顾父亲，父亲最后的岁月是在兄弟姐妹和亲戚朋友的温暖呵护中度过的，父亲的心愿也一定是希望几位兄弟姐妹身体健康。我劝完后就到隔壁房间看望母亲，母亲告诉了我一些父亲走前的事情，问我能在家里待几天。我说会把所有的事情处理好才回去，并安慰母亲不要过度伤心，尽管我知道这种即便是来自儿子的安慰也很苍白，对于朝夕相处六十年的伴侣的离去，母亲的伤痛必然是最刻骨铭心的。好在母亲已罹患老年痴呆经年，上天在让她老人家减少一些理智的同时，也减少了一份来自情感的伤痛。

二姑父说有一些事情需要尽快定下来。首先我们要确定大礼的时间，要根据大礼的时间来安排接下来几天的日程，联系水晶棺、抬棺的八大金刚、出殡用车以及火化等事务。其次是要请厨师，明天开始就有厨师来打理几天的饭食，来吊唁的客人一般要留下来吃饭。而请厨师要确定大致桌数以及用餐标准，以便厨师根据桌数和标准来配菜。再次是确定父亲的入棺时间，二姑父建议时间安排在次日早上，这就需要尽快联系殡仪馆，由殡仪馆送水晶棺过来。从次是要确定办丧事的流程，目前常规的流程中有一场跳三鼓加一场做斋，需要尽快与做这些法事的法师联系。最后是父亲墓地的修整，从墓地最初修好到现在已经过了十几年，需要确定整修标准后尽快修葺。另外是立碑的标准与款式，还要提供父亲的照片，影印在碑上。除此之外还有孝匾的制作，要确定做几块以及匾上的内容表述等。我们商量了办这些事的规模、标准与分工，确定了按常规办、按大家通用的流程和标准办的思路，也确定了总负责人和几件具体事情的负责人。

随后我们又商量了安置母亲的事宜。母亲素喜安静，父亲去世后来来往往的客人较多，喧闹似乎让母亲的病情有所加重，以至于她会问为什么会有这么多人，父亲干什么去了等问题。以母亲目前的病情，我和姐姐都没法将母亲带到身边照顾，这样就只有两种选择：一种是请人来家里照顾，一种是将母亲送到养老院。我们权衡了两种方案的利弊，最终决定先将母亲送到养老院，实在待不下去再请人来家里照顾。

各项事情都有了头绪之后，我再次来到父亲身边，看到父亲就像睡着了一样神态安详。我想起父亲第三次中风后住在医院的画面，每次我过去，父亲如果在休息，我就在床边静静地注视着父亲，似乎只有几秒钟的时间，父亲便会醒来，向我会心一笑。我多么希望父亲能像以前一样醒来，然后开心地跟我打招呼呀。

时间已过零点，我看到这么多亲人都在身边，于是提议轮流为父亲守夜，让明天上午要去买孝匾的姐夫和平妹夫先去休息，让今天已经忙了一天的二姑父、二姑妈和三姑妈早点回去休息，让远道赶回来的三叔和婶娘也早点去休息，其他人分两班休息和守夜。

三姑妈说现在回去也睡不着，于是我们留下来的好几个人就着火塘，开始说起父亲的一些往事。我印象中家里是没有火塘的，南弟告诉我是姣妹买了木炭，还买了烧烤，说大家晚上饿了可以就着炭火吃烧烤。我不禁再次为兄弟姐妹之间的深情厚谊所打动，我的这些堂兄弟姐妹、表兄弟姐妹，尽管平时联系不多，但一旦有事情，大家都会从四面八方赶回来，出钱出力，把事情做好。

三姑妈和四姑妈说起小时候的事。父亲比她们大了十几岁，一直对她们照顾有加，从来没有因为她们的顽皮而打她们一下。三姑妈说在她们那个年代，哥哥姐姐打弟弟妹妹的情况很常见，但父亲只尽着一份兄长的责任，从不曾在爷爷奶奶面前说几个弟弟妹妹的坏话。说到打人的话题，从小到大，父亲从来没有对我和姐姐动过一根手指头，非但如此，父亲与母亲尽管时有争吵，但父亲也从来没有动过手。我不知道父亲这种异于他同龄人的禀赋是先天的还是后天养成的，但我确实感恩上苍给了我这样一位慈祥的父亲！

其间我接到袁老师的电话，告诉我已经订好了宾馆，让我有时间回宾馆休息一下。登弟也说由他、姐姐，还有几个姑妈先守夜，等下半夜四姑父和几个表弟过来换班。

我于是暂时告别父亲，由茂妹夫送我到宾馆休息。因为实在太困，我稍稍洗洗便睡了。三个多小时后我便醒了，此后便再也睡不着，脑海里依然是与父亲在一起的画面。我索性起床洗澡，等我全部收拾停当，也就六点钟左右。故乡冬天的六点钟依然是黑夜，我想着今天上午父亲入棺，需要早点到家，还是走出了房间，期冀在宾馆餐厅能够吃点早餐。

我到前台叫醒了睡眼惺忪的服务员，被告知早餐时间是七点半，且厨师要七点才到岗。我问附近是否有早餐摊点，服务员说要走十分钟左右的路程,且一般早餐摊点在七点以后才有。我还不死心,走出宾馆大门,乌泱泱的黑笼罩着小城,夜风很是寒冷。我远远望去,除了路灯在孤独地照耀,小城的一切似乎都还未苏醒过来。我放弃了自己出去吃早餐的念头,回到房间静等七点钟的到来。

上一次住在这家酒店还是五年前。那年中秋节,我和两位兄长从上海开车回来,袁老师和卫忠叔帮我们订的也是这家酒店。那次我们带了月饼和水果,一路导航到了家。

那时父母身体尚好,看到我和两位兄长过来,满心欢喜地张罗午餐。记得那天的午餐很丰盛,有鸡鸭鱼肉,有父亲挖的藕,还有自己家里种的菜。两位兄长对父母的手艺赞不绝口,说在上海难得吃到这样纯正的土鸡。那天父亲很开心,还与两位兄长一起喝了不少酒,希望两位兄长对我多帮助,并欢迎他们常来家里做客。事后两位兄长对我说,父亲很能说,且话都说在点子上,让我好好地孝顺父母,还叮嘱我家里没有马桶,没有淋浴房,最好把这些都配好,让老人的生活更加舒适一些。我后来与父亲商量把房子重新整修一下,父亲坚决反对,理由是这么大年纪不知还能活几年,没必要花那个冤枉钱。加上后来我们又有了把父母接到上海的计划,老家的整修计划也就作罢了。

好不容易熬到七点钟,窗外已是晨曦初露,我出了房间,来到一楼餐厅,此时已有厨师和服务员,但能吃的东西很少,服务员告诉我还是等七点半再来。我告知服务员我要赶时间,需要早点出发,看看已有面包和牛奶,于是边吃边等,很快就把肚子填饱了。

回到房间门口时，正好碰到两个外甥出来吃早餐，我告诉他们我已吃好，可以一起回老家。想到昨天晚上茂妹夫说好今天早晨会来接我，马上打电话给他，告知我和两个外甥一起回去，他可以再睡一会儿。茂妹夫因为这几天正好在老家，得知父亲离世的消息后便第一时间赶了过来，他已经帮忙做了很多事情，包括把门前的菜地铲平以便搭建塑料大棚，开车把其他亲戚接过来等，晚上送我到宾馆时已经两点，我希望他能多休息一会。

与两个外甥一起到家时已经八点半，二姑父、登弟和众多亲戚已经过来，在做父亲入棺前的准备。稍微等了一会儿，水晶棺就送了过来，于是大家一起送父亲入棺。按照习俗，水晶棺放在方桌下面，桌子上面放着父亲的遗像，遗像前面是香火，需要一直有香点着。水晶棺前面有一口旧锅，供吊唁的人烧纸钱。再前面是三个塑料垫，方便吊唁的人跪拜和孝子回礼。

入棺是一个重要的节点，意味着父亲从此与我们分离。几个姑妈和姐姐又开始痛哭，我强忍住眼泪，劝慰几位亲人，说父亲从此再也没有病痛折磨，也算是一种解脱，而三个姑妈和姐姐昨晚几乎没有入睡，大家还要照顾好自己的身体，在父亲入土为安之前，我们的身体绝对不能垮。

说话间南弟从小城带来的早餐也到了，南弟买了好多肉包子，都还冒着热气。我向南弟表示了感谢，也向众亲戚表示了歉意。按照父亲待客的礼数，我们应该多煮一些鸡蛋汤，让大家就着鸡蛋汤吃包子。想到每次回家父亲给我准备的丰盛的早餐，我又禁不住悲从中来。

二姑父和登弟走过来，对我说今天事情不多，主要是接待吊唁客人，确定花篮和花圈的摆放位置，去墓地查看情况并确定修葺与立碑事宜。我原本想一起去墓地看看，但随后就接到老同学电话，说要过来陪我，问我是否要热闹一些，说可以组织一大帮同学过来。我考虑到疫情因素，说来一两个同学代表就行。老同学尊重我的意见，问我要了定位，说很快就可以过来。我谢过老同学，也感慨同学之间这种地老天荒的情谊。

二姑父和南弟等去看墓地了，我在这边等老同学，这时厨师也到了，在忙活着做各种准备，说中午就可以就着家里的菜吃桌餐了。父亲生前已经准备了一些年货，有腊肉、腊鱼和香肠，冰箱里还有一些肉，菜园里有萝卜、菠菜和白菜，厨师说这些东西对付今天一天绰绰有余。我看厨师带来了助手，还有各项炊具，有液化气瓶、灶具、锅、案板及蒸饭的工具等，这种一条龙的服务确实方便。

两位老同学很快就到了，他们都是在家乡政府机关工作的位高权重的人，却依然像三十多年前一样朴实无华。他们告诉我很多家乡办丧事的规矩，我也向他们咨询了养老院的情况，并告知大礼时间。他们说大礼前一天的吊唁最为隆重，他们会再次过来陪我。说话间他们熟门熟路地来到一个女孩子身边，告知姓名及与我的关系，说要同时送花圈与花篮。

我这才注意到门口塑料大棚里面的桌子旁，有个女孩子一直在忙活着打印字条。原来这也是家乡殡葬一条龙的一部分，有专门的人员在从事花圈和花篮的事务，得知丧家的信息后，他们立马会送来大批花圈和花篮，吊唁的人只需要告知姓名及与逝者的关系，他们便会将信息输入简易打印机，将打出来的字幅挂在花圈和花篮上，定制的花圈和花篮便可完成。一个花圈二十元，一只花篮二十元，一般亲友都是送一个花圈加一只花篮，俗称一对。花圈和花篮的收款几乎不用现金，都是支付宝或者微信，非常方便。我也告知了她我、妻子和女儿的姓名，于是很快，我和妻子送的花圈与花篮，女儿送给爷爷的花圈与花篮，被放置在水晶棺的前面。两位老同学告诉我，水晶棺旁边的花圈与花篮摆放也是有规矩的，像我是主孝，所以我和妻子的花圈和花篮应该放在最前面，之后放姐姐和姐夫送的，往后放女儿送的，然后放外甥送的，再往后放堂兄弟姐妹送的和表兄弟姐妹送的，最后再是孙辈送的。水晶棺旁边空间有限，其他花圈和花篮可以沿着外面的塑料大棚摆放，也是按照先长辈后晚辈的顺序。想不到最现代的东西与最传统的东西就这样奇妙地组合在一起，微信和支付宝与传统的身份秩序同时并存，既让人感叹传统的伟力，又让人感叹现代技术的渗透力。

送走两位老同学后，我刚回房间想坐下来休息一会，就听到外面传来敲锣打鼓的声音，随后是唱歌的声音，登弟告诉我不必出来，是那些"文艺"到了。原来这也是家乡殡葬产业的一部分，两位还很年轻的女性熟门熟路地烧纸、点香、磕头，然后在门口唱歌。歌曲也是应景的，如逝者是老父亲，就会唱"我的老父亲，我最亲爱的人"之类的歌曲。登弟告诉我这些人也是有组织的，来到门口的只有两个人，还有两个人在车上，刚才敲锣打鼓的就是车上的人，而且露面的是女人，在车上不露面的是男人，一般行情是按四人给钱，每人二十元小费加两包烟，算上去每人报酬有七十元左右。登弟说按行情给就行，不能给多，给多的话这些人也是有微信群的，定位一发，一会儿就会有好几批人来接受丧家的慷慨发放，且都是开车过来的。我们后来没再遇到这些"文乞"，估计这些人也是有地盘的，我们已经给"地主"交了保护费，其他人也就不会再来打扰了。

说到烟，原来也是"常规标准"的一部分。现在一般是准备二百多元一条的黄鹤楼或者类似价格的香烟，一般要准备好几十条，用不完的可以退还。南弟说办丧事用烟多，办喜事用酒多，丧家给送人情的亲朋好友的回礼就是一条毛巾加一包烟。我问如果有人不抽烟怎么办，南弟说这里香烟就是一般等价物，不抽烟的人可以将香烟按原价卖给经销店，也可以用香烟换取等价的其他物品。

按习俗，父亲走后要给父亲叫饭，从第二天早饭开始，一天叫早晚两次。因为厨师已经过来，当天的晚饭虽然不是正式的桌餐，但也已经比较丰盛。我们给父亲搛了他喜欢吃的菜，放在饭碗里，筷子整齐地摆放在饭碗上，饭碗就放在我的旁边，一如父亲生前我们一起吃饭的场景。

父亲在上海时，我们几家亲戚一年会有几次聚会，每次都是我坐在父亲旁边，姐姐坐在母亲旁边，我们分别给父母搛菜。父亲敢于尝试他未曾吃过的菜，除了牛肉，以及有牛肉味的其他菜。父亲为什么对牛肉这么忌讳，源于农村人对耕牛的情愫吗？我们一直没有找到答案，当然也永远找不到答案了。

第三天上午我和登弟、雪香弟、姣妹一起去看由雪香弟帮助联系的养老院,中午到家午饭后,我又与二姑夫等一起去父亲墓地,看了看墓地修葺情况。

雪香弟的车开得又快又稳,我们很快就来到墓地,两位正在修整墓地的师傅见我们到来,向我们汇报了这两天的工作情况。父亲的墓地在墓区的最外面,近处就是白莲湖,远远望去是绿油油的原野和小城的高楼大厦,视野非常开阔。我看到墓碑四周的水泥面都已经整好,放骨灰盒的口子已经留好,就量了尺寸,以确定骨灰盒的大小。不一会儿墓碑也送来了,我们看着师傅把墓碑装上去,并帮助师傅把墓碑调正。二姑父交代师傅在口子旁边再凿一个口子,为母亲百年之后预留位置,这样就省得今后还要有大动静。二姑父说十几年前修墓地是母亲的主意,刚开始父亲似乎还不同意,但因为当时二姑父也在修墓地,父亲最终同意了。墓地的填土还是父母自己挑的,墓的款式也是按照当时的标准修的。

我凝视着墓碑上父亲的照片,给父亲拍照时的场景还历历在目,就在今年三月份,父亲还在上海时。当时是要拍一张照片给村委会,以便为父亲办理八十周岁后的高龄补贴。父亲微笑地看着我,我给父亲拍好照,由侄儿做成两寸的照片,发给村委会的负责人,再打印出来贴在申请表上,申请材料就这样准备好了,谁知这张照片竟成了父亲的遗照。其实父亲多年前就已把自己和母亲百年之后的相框准备好,来上海后一直放在家里。今年五月回老家时,我跟父亲说相框上面有玻璃,就不要打包寄走了,免得把玻璃摔坏,我们开车回老家时再带回去。父亲当时也答应了,过几天我到父亲这边来,父亲告诉我已经将两个相框打包进去了,我说不行的,快递公司乱丢乱放,会摔坏的。父亲很坚持,说用两床被子裹着,应该没问题。结果回家后拆开包裹,父亲相框的玻璃果然摔碎了,母亲的相框还好好的。父亲回来后一直忙着家里的事情,我们上次国庆节回来也匆匆忙忙,都还来不及去把相框上的玻璃配好,父亲竟然就走了!

我们回到家里,唱跳三鼓的班子已经进场。我查了一下相关资料,介绍说跳三鼓是湖北省第一批公布的非物质文化遗产名录项目,主要流传在湘鄂边的几个县市。跳三鼓由民间丧葬风俗"跳丧鼓"发展演变而来,为逝者演唱的跳三鼓称为"孝鼓",为高寿长者演唱的称为"寿鼓",各种喜庆场合演唱的称为"喜鼓"。跳丧、跳寿、跳喜合称为"三跳",又因其演唱者为三人,打击乐为三件,每段唱词为"三句头",取"丧"和"三"的谐音,20世纪50年代定名为"跳三鼓"。表演时歌台或平地上放一张桌子、一个凳子,一人坐着打鼓帮腔,另两人手拿竹筷击单镲(钹)演唱。表演特点是"右手筷子左手钹,上靠膀子丁字脚,三步半朝前梭,左右不离桌子角,背靠背擦身过,两人对面笑呵呵,你一个歌我一个歌,鼓声不停舞不落"。跳三鼓的伴奏器乐由鼓、镲、筷子组成,镲上有1米左右长、25厘米左右宽的布巾,或红或绿,俗称"白环",用来配合艺人的舞蹈动作。二姑父告诉我,以前经济条件不好,一般家里老人去世,要么请一场跳三鼓,要么做斋,现在经济条件好了,家里老人去世,都是两场一起请,其实也就是最后表示一下孝心。另外就是为了代替孝子守夜,以及敲敲打打声让守夜的人不至于瞌睡而已。

登弟说跳三鼓有一个环节叫"散花",我作为主孝是必须参加的,而且要按照节奏派发"利事",也就是给这些艺人红包。主孝给红包最多不超过二百四十元,取二十四孝之意,可以一次给到位,也可以多次给到位。其他堂兄弟姐妹、表兄弟姐妹也要参加"散花"环节,跳三鼓艺人会根据他们掌握的信息,尽量让参加"散花"的人多掏腰包。有种说法是可以谈一个总额,让艺人们到了这个总额就不要再讨"利事"了。我请登弟与他们谈谈,告诉他们我们会按常规标准走,大家都要把握好一个度。

时间过得很快,转眼已到零点,按照艺人们的要求,我和堂兄弟姐妹、表兄弟姐妹开始了传说中的"散花"。按照要求本来应该是我拿着父亲的遗像走在前面,其他人手上拿着点燃的香走在后面,围着水晶棺转圈。登弟怕我累,自告奋勇拿着遗像,我神情肃穆地跟在后面,想着父亲在第三次中风之前,一直把自己当作壮劳力,与我在一起时还说怕我累,与我抢着干重活,最后当然是我把活干了,但父亲不依不饶的神态让我感到无比幸福。有父亲在,我不论多大,在他眼里都是需要照顾的孩子。冰心赞美母亲的那首小诗,我看也完全可以用来赞美父亲:父亲啊,你是荷叶,我是红莲,心中的雨点来了,除了你,谁是我无遮拦天空下的荫蔽?

按常规派发"利事"后,散花环节结束,登弟告诉我还是他们几人轮流守夜,我可以去休息一会儿,以应对明天晚上的通宵。其实此时已过凌晨一点,我叫了小外甥,一起回宾馆休息,为今晚的通宵保存体力。

第四天的上午我们八点多到家,大礼前一天要接待陆续来吊唁的亲朋好友，要接待抬棺的八大金刚，做斋的班子也要到场。

这天大爹和大婆过来了，大爹是我们家族年龄最大、辈分最高的长辈，也是我们家乡的长辈中学问最高的人。大爹、大婆的身体都不好，大爹快九十岁的高龄，还是坚持来送父亲最后一程。大爹对我说："你父亲是个好人。"说完已是泣不成声。我扶着大爹，哽咽着请大爹、大婆自己保重身体。大婆说，父亲在上海时，逢年过节总要给大爹打电话，春节时还要拜年，即便大爹已经有些神志不清，但父亲还是会及时送上他的祝福，五月份回老家后也是第一时间去探望大爹，说这样的好人怎么就走了。我对大爹大婆说："父亲这样做都是应该的。"大爹是我初中时候的老师，在我初中时期给予了无微不至的照顾，后来又一直对我的人生进行指导。大爹的儿子——我的叔叔卫忠，也是我的同学，一直在替我照顾父母。父亲在老家住院，是卫忠叔帮我陪夜，上次父母回来，又是卫忠叔夫妇开车来火车站接站。母亲晕车，在车上吐得一塌糊涂，卫忠叔毫无怨言，下车后因为天雨路滑还把母亲背到家里。大爹大婆一家对我们来说可以说是恩重如山，现在父亲走了，我们也会像父亲一样继续问候两位长辈。

这天袁老师也过来了。袁老师夫人前几天摔了一跤，刚从医院回家，还躺在床上需要人照顾，但袁老师还是挤时间过来送父亲最后一程。袁老师是我初中时期的老师，也是我生命中的第一位贵人，没有袁老师就没有我现在的人生，可以说袁老师对我的欣赏是我自信的源泉，也是我不断努力的动力源泉。父母在老家时，袁老师对两老一直照顾有加，他对我和我们一家恩重如山。虽然说大恩不言谢，但我还是对袁老师表示了感谢和敬意。

这天家门口卫生室的幺婆和钟医生也来送了父亲最后一程。幺婆说父亲心地善良，总是记着别人的好，不管是自己买的别人送的还是家里种的，有什么好东西总会第一时间分享。我知道其实是幺婆和钟医生对父亲的照顾更多，幺婆会每周来家里给父母量血压，对于老年痴呆的母亲，幺婆的话最管用。钟医生会帮助父亲把收音机调好，把煤气灶的问题解决，把需要的药配好带过来，两位医生和父亲的关系，是对"远亲不如近邻"这句话最好的注解。我也对幺婆和钟医生深深地鞠躬表示感谢。

还有很多多年不见的亲戚都过来了，舅舅家的表姐和表姐夫，大姨家的几位表嫂，大姑妈家的大表姐，有很多亲戚对我来说已经是三十多年未见。还有父亲以前的邻居，我的几位表哥、堂哥，以及远房长辈，他们都来送父亲最后一程。他们说着父亲的往事，也让我对父亲的为人处世有了更深的了解。

吃晚饭之前，负责抬棺的八大金刚来了，他们都穿着白大褂，外面有红色的"八大金刚"的字样，一个一个很是魁梧。按习俗他们今天要来吃一顿晚饭，并在明天早晨出殡之前赶过来，我向他们一一道谢。

做斋的道士是下午进场的，分两班人马：一班在门口，只要有吊唁的亲朋好友过来，他们就会敲锣打鼓；一班在门内，负责布置法事。我看到几位道士在堂屋内做"引路幡"，写灵位，写"三官"（天官、地官、水官）牌位，写"包袱"，写经文，布置灵堂，悬挂阎罗众神图，以及准备一些法器等。据介绍，做斋活动主要展现了执仪者伴随逝者告别阳间，走向阴间，成为祖先的过程。道士会请菩萨、诸神为逝者开路，会用鸡"祭马"，会念咒，会念经，会"解结"，也会绕棺"散花"。据说老家的丧葬习俗深受楚人好祭祀、崇鬼神、相信灵魂不灭的思想影响，并与商周以来形成的"病、死、丧、葬、祭"的传统一脉相承。

做斋的"散花"与跳三鼓的"散花"大同小异，不过多了一个道士在前面引路，这次要姐姐捧着遗像，我们其他人手上捧着香绕棺转圈，同样也要派发"利事"。这次我们参与"散花"的人数更多，道士了解的信息也更加准确，据说收入超乎他们的预期。

出殡的时间定在第五天的五点二十八分。二姑父说当地的习俗是选五点零八分、五点十八分等几个大家认为比较吉利的时间点出殡，寄寓子孙后代都能够兴旺发达。其实，老家冬天的五点多钟还完全是黑夜，既然大家都这样做，那我们也就随俗吧。

出殡之前要把门前的塑料大棚拆掉，要把所有的花圈拿掉，还要把门口贴的对联撕掉。登弟说我们四兄弟作为孝子要分别立在抬棺人两旁，还要向他们磕头，表示对他们的谢意。

父亲就这样按照预定的时间被抬出了家门，这一刻也是一个关键的节点，意味着父亲永远地离开了自己的家。二姑妈、三姑妈和姐姐又开始痛哭，我和登弟站在一边，南弟和勇弟站在另一边，履行着孝子的义务。

父亲从回到老家到这次被抬出家门，满打满算也就七个月的时间。父亲回来之前，我们托二姑父对房子做了整修，装了马桶、淋浴房，父亲回来后又装了空调，后来向军弟还帮忙配好了洗衣机、煤气灶、液化气和脱排油烟机，对房间的电路系统进行了优化，对一些设施进行了适老化改造。国庆节后两个外甥又为父亲配好了电视机、沙发和茶几，还为母亲配备了专用马桶，本以为父母可以过一段舒心日子，谁知人算不如天算，老天爷，你是多么残忍才会让父亲撒手而去！

按照习俗，父亲的灵柩需要抬行一段才能上灵车，灵车被停在离家约五百米远的地方，附近没有房屋，比较空旷。我们跟着父亲的灵柩，一路走向灵车。上了灵车后，姐姐捧着遗像坐在灵车前面，我们其他人开着自己的车跟在灵车后面，有人在车上负责沿路抛撒纸钱，就这样，我们跟着灵车开到了殡仪馆。

到了殡仪馆才知道，我们不是最早的，前面已经有五拨人在排队了，据说要等两小时左右。于是登弟安排大家先去附近的餐馆吃早餐，我、姐姐、表哥、表嫂都说吃不下，我去购买骨灰盒，姐姐、表哥、表嫂则守护在父亲的灵柩旁。

我按照尺寸选好了骨灰盒，将骨灰盒交给工作人员。当我再次来到父亲的灵柩旁边时，发现亲戚都已经陆续回来。原来此时才六点多钟，开门的餐馆不多，能吃的早餐也不多，父亲泉下有知，一定会责怪我们没有把亲友招待好。此时夜风依然寒冷，我一边向亲友道歉，一边招呼亲友，尤其是三叔、婶娘、二姑妈和三姑妈等几位长者，到里面较暖和的地方休息。

轮到我们时已近八点半，工作人员带着我们来到告别室，将父亲的遗体安放在中央，周围有鲜花环绕。随后由工作人员举行悼念仪式，在父亲的遗体上均匀地撒着花瓣，致悼词，带领我们三鞠躬后绕父亲遗体瞻仰。随着告别室的大门缓缓关上，父亲就这样永远地离开了我们。

半个多小时后，有广播通知我们带着父亲的身份证和火化证明领骨灰盒。只见骨灰盒用红布包裹着，我和登弟按照工作人员的要求对着骨灰盒磕头，然后我捧着骨灰盒，登弟拿着附送的捧花一起出来。

我们又跟着灵车向墓地驶去，这次由我捧着父亲的骨灰盒坐在灵车的前面，按照习俗，灵车不能走回头路，得走一条来时没有走过的路。我将父亲的骨灰盒放在腿上，想着父亲的这一生，想着从小到大父亲对我无微不至的爱护，想着在上海与父亲交流时父亲说的那些话，想着父亲回老家时对我们的叮嘱，想着父亲回老家后我每天晚上七点半以后给父亲打的电话，我的眼泪再次夺眶而出。父亲啊，我们把手机给您留下来，您在另一个世界还能接到我的电话吗？

临近墓地时还有一场仪式，由一位亲戚跪着接灵，然后焚香，烧纸钱。仪式结束后我们来到墓地，姐姐捧着父亲的遗像走在前面，我捧着骨灰盒走在后面，我们在法师的引导下走向墓地，随后法师带领我沿着父亲的墓地左三圈右三圈转圈，最后我们合力将父亲的骨灰盒放进墓地，师傅用砖头和水泥把口子封好。

我们对着墓碑祭拜，随后来到旁边的空地，把纸钱、灵屋、烟把、孝匾等一起烧掉，让这些随着父亲一起到另一个世界。

父亲就这样入土为安了，父亲走后的第三天，我在朋友圈发了一段纪念父亲的文字：

  12月18日，农历冬月十五日，父亲永远离开了我们，享年八十一岁。

父亲是一个能吃苦的人。为了生存，他小小年纪就开始帮人放牛，尝尽各种苦难与哀愁。为了更好的生活，父亲自20世纪80年代开始做各种小生意，打豆腐，做发饼，尽可能地增加收入，改善家庭生活条件。为了培养子女，父亲起早贪黑，一人做几人做的活，供养子女成才。为了孙辈，父亲和母亲克服从农村到城市的种种不适应，跨过了居住关、饮食关、服饰关和交通关，帮我们照顾孩子，我们生活在一起其乐融融。

父亲是一个懂得感恩的人。父亲感恩党和政府，让他从放牛娃变成了读书郎，让他从一个穷小子变成了生产队长，让他从无立锥之地到拥有自己温馨的家，父亲也用他的智慧把一个生产队治理得井井有条；父亲感恩长辈，在清明、中元、春节等重要节点，父亲在老家时会去祭拜所有的长辈，在上海时也用各种方式表达他的心意；父亲感恩同辈，与自己的兄弟姐妹，与母亲的兄弟姐妹之间从来没有争吵，只有互帮互助，互敬互爱；父亲感恩晚辈，从子女到侄辈孙辈，他会记住每个人的生日，及时送上他的祝福；父亲感恩所有帮助过他的人，从小区保安，到保洁阿姨，到回老家后的卫生室医生，父亲会记住每个人对他的好，也会用他的方式表示对每个人的感谢。

父亲是一个总是为别人着想的人。父亲原本抽烟，帮我们带孩子时看我不抽烟，想到抽烟对孩子也不好，毅然把烟戒掉；孙女上小学了，父亲担心增加我们的负担，决意回到老家，过自给自足的生活，七十多岁高龄还在干一些年轻人都很少干的重活累活；母亲患病后，父亲又陪伴母亲回到老家，给予母亲无微不至的照护，而他自己不仅是中风后的"半个人"，脚也长期疼痛，难以治愈。

父亲字美仁，名和字中既有"德"又有"仁"，这应该体现了爷爷和家族长辈对父亲的期冀。父亲一生都在践行"德"和"仁"的真正含义，努力做一个有德行的人，一个能爱人的人。

假如有前世，父亲与我们一定也是至亲，他身上的胎记表明，他宁愿忍受烙印也不愿忘记前世；假如有来生，我还愿意做父亲的儿子，我们一起总结今生的经验教训，让父亲生活得更加幸福！

天堂没有病痛，父亲安息吧。

送别母亲

木本水源，慎终追远。

母亲走得很安静，我和众亲人一起看着母亲的呼吸渐次衰弱，然后，母亲就告别了我们，驾鹤西去。我们在母亲床前默哀片刻，便开始着手安排母亲的丧事。

母亲走的这天是农历六月十一，按照老家的习俗，逢四、六不送葬，这样母亲的大礼日就只能在十三和十五这两日中选择。考虑到还有一些亲人要从外地赶回来，像我姐夫和大外甥，还有四姑妈一家要从上海赶回来，勇弟要从广东赶回来，都需要一些时间。我们商议下来将大礼日定在农历十五，这样好多事都会办得比较从容。

定好了大礼时间，同样要定是在家里办还是在殡仪馆办。二姑父建议还是在家里办，说亲戚朋友都在附近，现在天热，大家回去冲一把后再过来都很方便，而且，从今天晚上开始要轮流守夜，轮到下半夜守夜的人，从家里过来也近一些。于是我们都同意在家里办丧事,二姑父还说要尽快与相关专业人士联系,现在天热,需要尽快将母亲的遗体入冰棺。

确定了时间和地点,联系了相关人员之后,姐姐、表姐、姑妈开始给母亲擦身体,换衣服。母亲里面穿的白色的寿衣和外面穿的红色的寿衣是姐姐她们前几天就已买好的,现在天热,先把白色的寿衣穿好,待冰棺快到了,再穿红色的棉袄棉裤。

母亲的衣服换好后,相关专业人士也到了,我们在专业人士的指导下开始给母亲烧落息纸,这些落息纸外面要用白纸包好,上面写有一些文字,大意是这是母亲的零花钱,可以送给那些带母亲上路的黑白无常,请他们在路上优待母亲的亡灵。

烧好落息纸后,我们一起用床单把母亲的遗体从床上抬到了堂屋的地板上,在殡仪馆通知冰棺随后就到的情况下,姐姐她们帮母亲把外面的棉衣棉裤穿上,把帽子戴上,专业人士在母亲的左手上放了半块饼,右手上放了一小段桃木树枝,然后把黄表纸盖在母亲脸上,做好这一切后,冰棺也就送到了。我们一起抬母亲的遗体入棺,按照习俗,冰棺里还放了一些纸钱。

父亲走的时候是冬天,我们子女都不在身边,所以父亲的遗体是第二天入棺的,我们当天晚上都赶回家见了父亲最后一面。母亲这次是在夏天,子女都在身边,所以就尽快入棺了。随着冰棺盖上,代表着母亲开始与我们分别,我们再次默哀片刻,祝福母亲一路走好。

随后我们开始着手一些具体的事情,并确定人员分工。首先是要去办理母亲的死亡证明,基本流程是先去村委会开证明,然后去镇卫生院办理相关手续;其次是要在门口搭凉棚,亲戚朋友来吊唁，要坐在凉棚下休息，用餐也在凉棚下，还要在凉棚下铺设塑料纸，以保持里面的整洁；再次是要与厨师联系，让厨师明天进场，后天要开始正式的桌餐；最后是墓地和墓碑的相关事情，放骨灰盒的洞口要准备好，墓碑上的照片要准备好，母亲的生卒年月要印上去。这些事情中只有挑选母亲墓碑上的照片是我的任务，其他都是由我的堂妹夫和表兄弟负责。当然，专业人士已帮我们联系了唱跳三鼓和做斋的人马，也是办父亲丧事时的原班人马。

父母在上海时，我帮他们拍过不少照片，但真正要挑选放在墓碑上的母亲照片时，我发现还是有很多限制，要与母亲去世时的年龄匹配，要与父亲照片上的神态匹配，还要与母亲的性格气质匹配。我最终挑了父母一张合影中的母亲相，这是两年前在小区里拍的，照片中的母亲戴着她喜欢的帽子，围着围巾，面带微笑。母亲以前经常跟我说，她不上相，拍照时总是比较严肃，所以母亲的照片中难得有几张是面带微笑的。忙完这一切，我开始给亲戚朋友打电话告知情况。这次我是先从长辈开始报告的，只可惜随着舅舅的去世，我能够报告情况的长辈也已经不多了。

我把母亲的情况告知了养老院，上次母亲从医院回家后她们来探视过，说母亲归天后她们会过来磕头，她们向我和姐姐表达了歉意，说没有照顾好母亲，我则向她们表达了感谢。

这里还有一个习俗，是父亲走时他们已经处理好而我还不知道的，就是落息纸烧完后的灰烬不能倒掉，要用白纸包起来放在冰棺上面，到时候与母亲的遗体一起火化，大概是要母亲的亡灵随身携带的意思。我检查了落息纸的灰烬，发现已经不带火星，表弟随后用白纸把灰烬包好。

下午的时候，搭凉棚的人就过来了。

搭凉棚也是故乡殡葬产业的一部分，有专人用汽车把相关设备拉过来，用工具把钢管架子搭好，把塑料布铺上去，随后让钢管升上去，让凉棚保持三米多的高度。可能是塑料布的面积有限，我们家门口得搭两个凉棚。我也注意到，父亲走时搭的凉棚是三面围起来的，而此时的凉棚是四面透风的，这大概就是冬天和夏天的区别。

搭凉棚的商户不仅出租凉棚，还出租麻将桌和水空调，我们也按照习俗放了一些麻将桌在凉棚下面，同时在每个凉棚边上放了一台水空调，实际上就是一台吹冷风的机器，让凉棚里面保持相对凉爽。

母亲走后的第一天就这样过去了。

第二天很早的时候，厨师就已经开着车把桌子板凳和一整套餐具拉过来了，请的也是办父亲丧事时的原班人马，他们今天会为我们做两顿正餐，但不算是正式的桌餐，正式的桌餐要从第三天开始。我看上午事情不多，就请成义弟开车，与二姑父一起去墓地看了一下施工情况，我看到去年预留的洞口已经疏通，母亲的照片和生卒年月已经印制在墓碑上，父亲的照片在左上角，母亲的照片在右上角，应了老家很多时候要求男左女右的规矩。墓碑上的文字应该是按照千百年来流传下来的格式，上面有父亲的名字，但没有母亲的名字，仅有"曾老孺人"的字样，有我作为孝男的名字以及我们一家人的名字，却没有姐姐和姐夫以及两个外甥的名字，应该是男尊女卑思想的遗存。看来，男女平等的观念要落实到这些古老的仪式上还需要一些时间。

中午的时候，该回来的亲人基本上都已经到家。我们聚在一起吃午餐，诉说着各自回家所费的周折。这时，来了两位不速之客。

说是不速之客，其实也是老熟人，父亲去世后他们也来过，天天在这里吃饭、喝酒，他们是老家红白喜事不可缺少的组成部分。说他们是乞丐吧，他们平时都是在自己家里吃饭，只是在红白喜事时候来沾点油水；说他们不是乞丐吧，他们吃的又都是我们吃剩下的菜，当然现在大家吃饭都很注意，基本上是用公筷搛菜，所以从卫生的角度来看吃剩菜倒也无可厚非，更何况给他们吃的饭是直接从电饭煲盛出来的，酒是单独开的。或者更准确地说，他们就是老家办红白喜事时特有的临时工，偶尔帮东家干点活，在客人吃完后就着剩菜喝点酒、吃点饭，在整个事情结束后东家再给他们一点零花钱，他们便心满意足地离开。

他们，就是老家的两位智障人士，据说他们能够根据鞭炮的声音——不管是真正的鞭炮，还是电子鞭炮的声音，找到正在办事情的东家，然后在那里吃吃喝喝几天。

据老家的亲人介绍，这两位其实不愁吃也不愁穿，他们都享受低保，纵然不能天天吃大鱼大肉，但隔三岔五吃点荤菜应该没问题。而且，他们没结婚，父母不需要他们赡养，亲戚之间有什么事情他们也不需要支出人情费用，他们对穿着打扮的要求不高，能蔽体、能御寒就行，低保的费用几乎全都花在吃饭上面。但无论他们怎么吃，他们的身材还是与正常人没有两样，其中一位甚至还偏瘦。

去年在父亲的丧事过程中我就注意过他们,不出意料,今年母亲的丧事他们又来了。他们熟门熟路地拿了桌子上的香,点燃,按照正常的礼节给母亲磕头后,便开始坐在凉棚下的椅子上,看着我们吃饭。表嫂见我们点的香还有很长,赶快把他们点的香从香坛上撤下来,熄灭后放在边上。原来这点香也是有讲究的,一次只能点一炷香,因为点燃的香就是母亲亡灵的指路明灯,母亲的亡灵会跟着这个路灯一直走向远方。如果有多炷香,就意味着多了几个路标,母亲的亡灵就不知道究竟该往哪个方向走了。在换香的时候也要注意,要在香火即将熄灭的一瞬间,将已经点燃的香插在母亲灵位前的香坛里,这样才不会影响母亲亡灵的行路。

按照老家的说法,人去世后要由黑白无常带到鬼门关接受检查,检查后才能上黄泉路,而黄泉路很长,所谓向上看看不到日月星辰,向下看看不到土地尘埃,向前看看不到阳关大路,向后看看不到亲朋四邻,所以要有路灯。我后来查了相关资料,发现这些说法基本上都是道教的内容,作为唯一的本土宗教,道教在东汉至南北朝时期就已形成和确立,看来老家的丧葬习俗确实是千百年来的传承。

我们吃完饭后很快就给那两位不速之客把饭菜装好,让他们在一边的小桌子上边吃边喝。此后几天,他们或是吃完晚饭回家稍事休息后连夜赶过来,或是整晚都坐在凉棚下,哪怕没见到他们好好休息,他们也依然会在第二天精神抖擞地吃饭、喝酒。

也许这就是生命的多姿多彩,作为人类生命的一分子,他们享受着正常人所拥有的权利，却不承担正常人应尽的义务。他们多数时候被人们怜悯、同情，偶尔被人们呵斥、嘲讽，但不愠、不恼，依旧笑呵呵地在那里该吃吃，该喝喝。他们的吃穿相对正常人来说总归有些许欠缺，但据说他们很少生病，生病以后也很快就会治愈。当然，这一切都是在熟人社会的背景下发生的，也与传统社会人们对这类人的接纳与认同有关。随着农村人口结构的变化，随着农村也在从熟人社会向陌生人社会转型，他们的生存空间应该会受到很大影响。

  亲人们告诉我，其实前面两个晚上的守灵是最难熬的，后面两个晚上因为有唱跳三鼓的人、有做斋的人，一个晚上在说说唱唱和敲敲打打的声音中较容易挺过去。为了让守灵的人不至于打瞌睡，人们想到了麻将，这就是搭凉棚的商户同时出租麻将机的原因，大家一边守灵，一边与麻将相伴，虽然说打麻将与丧事的庄严肃穆不太协调，但这也是没有办法的办法。

  母亲走后的第三天，唱跳三鼓的班子进场，花圈开始陆续摆放，燃放电子鞭炮的车辆进场，这些都是与父亲的丧事一致的，稍有区别的是，这次又增加了充气门廊，上面写着"沉痛悼念李府母亲曾老孺人仙逝"的字样。

  我这一天的主要任务是接待前来吊唁的亲戚朋友，按照习俗，对于前来拜祭的亲朋，我要回礼，勇弟说回礼的跪拜由他来做，我负责把跪拜的亲朋扶起来。这里所说的"拜祭"是要跪下去磕三个头的，"回礼"是孝子也跪下去给亲朋磕三个头。

  老家丧事活动中最重要的环节，就是跪拜和磕头，这大概也是古代中国最重的礼节。在古代中国,人类在天地面前要跪拜和磕头,臣子在皇帝面前要跪拜和磕头,子女在长辈面前要跪拜和磕头,学生在老师面前要跪拜和磕头,生者在死者面前要跪拜和磕头,这就是所谓天、地、君、亲、师和死者为大的道理。如今,对天、地、君、亲、师的跪拜和磕头礼都已不复存在,只剩下丧礼中的这一项。

我们小时候春节期间给长辈拜年,就是要跪拜和磕头的,而且,心越是实诚,头磕得越响。常常是几个头磕下来,脑袋已经有点晕乎乎的,但如果能拿到长辈给的压岁钱,似乎这点损失也是值得的。记得当时有句顺口溜,叫作"拜年拜年,屁股朝前,不要你的枯豌豆,只要你的压岁钱"。当时大家都不富裕,直系的长辈可能会给一点压岁钱,一些远房的长辈,尤其是上了年纪的长辈,就不会给压岁钱了,只会抓一把烤熟的豌豆给小朋友吃。这个顺口溜表达的是晚辈和小朋友的心愿,但常常难以如愿。

父母都是特别心疼孩子的人,小时候给父母拜年,父母就说不要跪拜和磕头,省得我们把衣服和头发弄脏,因为那时候家里都是泥土地面。但我们知道大家都要给自己的父母磕头,所以也会跪下去,只是每每还来不及磕头就会被父母拉起来。后来长大了,父母更是跪都不让我们跪下去了,说都长大成人了就不要讲这些礼节了。参加工作以后我春节就很少回去了,只能在电话中给父母拜年,所以我真正给父母跪拜和磕头的情况确实不多。去年父亲去世后,我在不同场合给父亲跪拜、磕头,母亲去世后,我也已经多次给母亲磕头。两次因为疫情,妻子和女儿未能回来,我还代替妻子和女儿磕了头。我知道父母依然会心疼我,但这次他们再也拦不住我了。

这天晚餐的时候还发生了一件事,让我对老家红白喜事上的各色人等又有了新的认识。我们正在吃晚饭的时候,来了一位自称是高人的游方人士,这位老兄按照常规的礼数祭拜后,又在房前左右都洒了一点水,同时口中还念念有词,做完后就开始找主事的人。这次登弟因为在工地赶工无法回来,我们是请平妹夫担任总管的,于是平妹夫向他走过去。那位老兄见有人过来,开口就说要四十元钱,两包烟,还要管一顿饭,两杯酒,包括一杯白酒、一杯啤酒。平妹夫问他没做什么事为什么要这么多东西,他说刚才做过法了,把一些不好的东西赶走了。问他是什么不好的东西,他又说天机不可泄露。平妹夫想先让他吃饭,其他的饭后再说,于是让他与两位智障人士坐在一起吃饭。虽然坐在一起,但是各吃各的,各喝各的。他不屑地说,我是什么人,他们是什么人,我这样的人怎么可能跟两个傻瓜在一起吃饭。平妹夫见大家都还在吃饭,也不想再与他多费口舌,说那就按你说的给你,你拿了赶快走人,我们这么多亲朋都还在吃饭,你不要在这里影响大家吃饭。结果那位老兄还说,我是来给你们帮忙的,不是来给你们添乱的。平妹夫给他分别倒了两杯酒后,大概他既要拿着饭菜,又要拿着两杯酒有些不便,于是还想把一杯啤酒换成一瓶罐装啤酒,后来看我们这里确实没有罐装啤酒才作罢。

这位老兄大约四五十岁的样子,人长得高高大大,外表也还收拾得周正,甚至胡须都理得干干净净,只是大热天的还戴着一顶帽子。亲朋们都说以前没见过此人,不知道他的傲气、霸气和痞气从何而来，还有的说他在那里故作神秘，遇到脾气不好的东家是会挨揍的，因为他既然声称能把不好的东西消除，人家也会怀疑他能把不好的东西带来。我想他如果真的挨揍，应该也会指责对方不讲武德吧。

母亲去世后的第四天，做斋的班子进场。这天晚上我们要通宵守灵，一来这是母亲在家里的最后一晚，二来做斋有很多流程需要子女和其他晚辈参与。其中有一个与父亲丧事不一样的环节，就是子女要喝泥鳅钻过的水，寓意是喝母亲生儿女时的血水，亲人喝下，替母亲分担痛苦，报答其赐予生命的大德，报答其养育的大恩。同时，道士要唱《十月怀胎》的经文，经文描述的是母亲生育、养育、教育子女的过程：正月怀胎如露水，桃果开花正逢春。花如水上浮萍草，未知生根不生根。二月怀胎上娘身，手酸脚软步难移。头发披散懒梳髻，放开花鞋懒去寻。三月怀胎三月三，三餐茶饭食两餐。三餐茶饭不想食，只想酸梅口中含。四月怀胎分四肢，一身骨节满身酸。年轻怀胎犹自可，老来生子正难当。五月怀胎分男女，七孔八窍便成人。是男是女心中想，不知何时何日生。六月怀胎三伏天，烧茶换水懒向前。堂上扫地难弯腰，行路犹如上高山。七月怀胎正是秋，好似梧桐挂金钩。八幅罗裙长安带，老来怀胎不怕羞。八月怀胎桂花香，五谷上仓垒忙忙。累得娘亲多辛苦，累得娘亲难落睡。九月怀胎重如山，低头容易起头难。茶饭不敢多食饱，罗裙不敢紧腰缠。十月怀胎看看满，子在腹中团团转。左手吃娘心上肉，右手吃娘肚内肠。十月怀胎将来生，娘亲房中受苦辛……经文还详细地描述了母亲养育、教育子女过程中的艰辛,劝诫子女要对母亲奉孝,还列举了《二十四孝》中的几个经典案例。

以现代的眼光来看,《十月怀胎》的经文让子女感念母恩,倡导报恩,对于促进家庭和睦、规范人们的日常行为,肯定是有帮助的。但其中的一些内容,尤其是列举的《二十四孝》中的一些案例,却是一种道德绑架,在一定意义上否定了子女的生命价值。而且,《二十四孝》案例中的刻木事亲、涌泉跃鲤、哭竹生笋、卧冰求鲤等故事,本来就是神话,什么用针刺父母雕像上的手指血会流出来,家门口冒出泉水还有鲤鱼跳出来,在竹林边大哭竹笋会长出来,以及躺到冰上鲤鱼就游过来等,在现实生活中都不可能发生。当然,这些故事的产生受制于当时的科学发展水平。

西方诗人纪伯伦在《致我们终将远离的子女》中写道:

> 你的儿女,其实不是你的儿女
> 他们是生命对于自身渴望而诞生的孩子
> 他们借助你来到这个世界,却非因你而来
> 他们在你身旁,却并不属于你
> 你可以给予他们的是你的爱,却不是你的想法
> 因为他们有自己的思想
> 你可以庇护的是他们的身体,而不是他们的灵魂
> 因为他们的灵魂属于明天
> 属于你做梦也无法达到的明天
> 你可以拼尽全力,变得像他们一样

却不要让他们变得和你一样

因为生命不会后退，也不在过去停留

你是弓，儿女是从你那里射出的箭

弓箭手望着未来之路上的箭靶

他用尽力气将你拉开，使他的箭射得又快又远

怀着快乐的心情，在弓箭手的手中弯曲吧

因为他爱一路飞翔的箭，也爱无比稳定的弓

  这又是另外一种对父母与子女关系的解读，是一种摆脱了从属关系的解读，倡导父母与子女的生命平等，要让子女的精神放飞。当然，拿现代人的认知来和古人的认知对比，可能有失公允，但生活在当下的我们，可以了解古人的认知，却不能受制于古人的认知，而是要从人类文明的宝藏中吸取营养，来建构我们的人伦世界，所谓"取其精华，去其糟粕"应该就是这个道理吧。

  做斋活动结束已经是第五天的凌晨五点，道士把他们带来的一只鸡杀了，把鸡血一一洒在要烧给母亲亡灵的白纸包上，似乎每个白纸包上都必须染上鸡血。这些白纸包里面都是纸钱，白纸上面还由成义弟按照道士的要求写了相关文字，大意是这些钱主要是母亲受用，也有一小部分是孤魂野鬼受用。

  这一次的出殡时间还是第五天的五点二十八分，不过这次抬棺的八大金刚不是从殡仪馆请的，而是我们自家的亲人。由于都是自己的亲人，而且都是与我同辈的姐夫、妹夫、表兄、表弟和堂弟，所以我和勇弟的行礼也和上次不一样，上次是要跪拜，这

次只要拱手作揖就行了。

上次送父亲的灵柩到殡仪馆，我们没有预约，导致亲人们在寒风中等了两个多小时，我至今想想都很惭愧。这一次我们与殡仪馆预约了早晨七点钟。我们到的时候六点刚过，把母亲的灵柩放置妥当后，平妹夫就安排众亲人去吃早餐。夏天天亮得早，六点多时早餐摊点就比较多了，品种也比较丰富了，离约定仪式的时间还有一定距离，大家吃得也比较从容。

我依然是在这个时候去给母亲挑骨灰盒。上次我给父亲挑了一个红色的骨灰盒，这次我给母亲挑了一个绿色的。父母性格不一样，去世的时间一个是在冬天最冷的时候，一个是在夏天最热的时候，我用红色给父亲送去一些温暖，用绿色给母亲送去一些宁静，想必父母也会接受吧。

亲人们吃好早餐陆续回来了，细心的表弟给我和姐姐带了早餐，我们吃好没几分钟，殡仪馆就通知我们可以将母亲的灵柩送进告别室了，我们与母亲做最后的告别，母亲的遗容很安详。

走预约通道可以在亲人火化后观看亲人呈人形的完整的骨灰。我和姐姐按照工作人员的指引，一起到里面的房间看了母亲的骨灰，我看到母亲上次做手术换的人工髋关节也已经化为灰烬。是的，母亲的躯体已经离去了，但母亲的音容笑貌永远在我们的脑海里。

我们还是按照与办父亲丧事时一样的流程回到墓地，不到一年的时间，父亲长眠在这里了，母亲也长眠在这里了。想到父母对我的养育之恩，我悲痛欲绝，但几个姑妈和姐姐正在父母的墓碑前放声大哭，我还要去劝解她们，以免她们伤心过度，在这大热天里身体出现状况。

母亲就这样又与父亲在一起了，生前，除了母亲那次单独来上海做手术，父亲那次单独来上海看我们，母亲与父亲很少分开。这一次，在分别了六个多月后，母亲与父亲又永远地在一起了。

我们在父母的墓碑前磕头，把送给母亲的所有祭品烧掉，按照老家的说法，这些祭品有的是母亲要乘用的车，有的是母亲要居住的房子，有的是母亲要存在银行里的钱，有的是母亲的零花钱。母亲生前很少花钱买东西，也弄不清楚这么多复杂的事务，想必父亲会帮助她老人家一起打理吧。

父亲与母亲都走了，按照老家的说法，我就成了"大人"。尽管，我们终会有成为"大人"的一天，但我们总希望这一天越晚越好，让我们能够在父母的有生之年尽到我们的孝心，不要出现"子欲养而亲不待"的情况。

像上次纪念父亲一样，在母亲去世后的第三天，我在朋友圈发表了如下文字：

> 7月9日，农历六月十一日，母亲在昏迷中与死神搏斗了十一天后，永远离开了我们，享年83岁。
>
> 母亲是一个明事理的人。外公去世时母亲尚未成年，但已经是外婆的主要助手，她带着妹妹和弟弟一起支撑起一个家，虽干了很多重活累活却任劳任怨。父亲在生产队担任小干部，工作起来会得罪一些人，母亲不仅从不埋怨，还会主

动协助父亲化解一些小的纠纷。母亲来我们家照顾孙女后，与父亲一起克服从农村到城市的种种不适应，一切为我们考虑，有一次患眩晕症觉得快要去世了，还挣扎着让父亲把她扶到楼下，说不要死在我们家里，不要给我们添麻烦。

母亲是一个有爱心的人。母亲把全部的爱都给了子女，不仅把子女抚育成人，还照顾外甥、照顾孙女。母亲待亲戚朋友倾力付出，待讨饭的人也很友善，总是送上满满的饭让人家吃饱，还曾与父亲一起让一家讨饭的人在我们家堂屋留宿。

母亲是一个爱干净的人。母亲给我们洗的衣服、给我们穿的衣服总会弄周正。家里、屋门口，还有厕所里的人畜粪便都清扫得干干净净，以至于有邻居说我们家厕所干净得都可以摆张桌子吃饭，在当时厕所还是旱厕的情况下，这应该是对母亲以及父亲的高度评价。

在父亲离去半年多后，在舅舅离去三个月后，母亲也驾鹤西去，愿母亲与众亲人在天堂相会，那里没有病痛，再也不会摔跤，不会大脑瘀血，不会全身骨折。

母亲安息吧。

尾声

父母是千百年来农村社会"日出而作,日落而息"生活的传承者,也是亿万农业转移人口市民化过程中的一分子,经历过农村进入城市后在衣、食、住、行、医方面的各种制度与文化关卡,也通过认同、放弃、保留以及积极主动地融入,实现了从农村世界到城市世界的转变。作为个人,父母没有多少轰轰烈烈的故事,但作为整体的父母这一代人,却是农村社会转型以及中国社会转型中承前启后的关键一代,他们见证了从成立政治国家以来农村土地上"皇粮国税"的消亡,见证了自东汉以来代表农村生产力水平的生产工具的消亡,见证了千百年来乡土社会家长制以及"父母之命,媒妁之言"的家庭婚姻关系的消亡,也见证了安土重迁习俗的消亡。面对城镇化、工业化、市场化和国际化的社会潮流,他们有犹豫,有惶恐,有坚守,有放弃,但最终都在一切为了子女的全身心的奉献中,让自己卑微如尘埃。他们是最后一代全心全意奉献自己的长辈,在他们之后,中国的长辈们有更多的自我意识的觉醒,会在为了子女的同时也活出自己生命的精彩。

父母的疾病与老去无常，我们能够做的，大概就是在父母的有生之年，让他们能够有尊严地生活，让他们能够跟得上社会发展的步伐，让他们衣食无忧，让他们感到"被需要"，也让他们的精神生活富足。

2021年的5月，我还带着父母在小区的姹紫嫣红中拍照留念，今年此时，父母都已长眠地下，墓地周围应该已是青草依依。

就让故乡的云带去我对父母的思念吧。

就让风把思念的种子带到父母的青草地吧。

就让思念的种子在父母的青草地生根发芽吧。

这样，父母就会永远地活在我们的心中。

图书在版编目(CIP)数据

父母的两个世界:一位 60 后的深情追忆/李经中著.—上海:复旦大学出版社,2024.7
ISBN 978-7-309-17462-5

Ⅰ.①父…　Ⅱ.①李…　Ⅲ.①散文集-中国-当代　Ⅳ.①I267

中国国家版本馆 CIP 数据核字(2024)第 094884 号

父母的两个世界:一位 60 后的深情追忆
FUMU DE LIANGGE SHIJIE: YIWEI 60 HOU DE SHENQING ZHUIYI
李经中　著
责任编辑/刘西越

复旦大学出版社有限公司出版发行
上海市国权路 579 号　邮编:200433
网址:fupnet@fudanpress.com　http://www.fudanpress.com
门市零售:86-21-65102580　团体订购:86-21-65104605
出版部电话:86-21-65642845
常熟市华顺印刷有限公司

开本 890 毫米×1240 毫米　1/32　印张 8.5　字数 183 千字
2024 年 7 月第 1 版
2024 年 7 月第 1 版第 1 次印刷

ISBN 978-7-309-17462-5/I·1404
定价:58.00 元

如有印装质量问题,请向复旦大学出版社有限公司出版部调换。
版权所有　侵权必究